制度、名物与史事沿革系列

货币史话

A Brief History of Monetary Currency in China

刘精诚　李祖德 / 著

社会科学文献出版社
SOCIAL SCIENCES ACADEMIC PRESS (CHINA)

图书在版编目（CIP）数据

货币史话/刘精诚，李祖德著.—北京：社会科学文献出版社，2012.3
（中国史话）
ISBN 978-7-5097-2992-2

Ⅰ.①货… Ⅱ.①刘… ②李… Ⅲ.①货币史-中国　Ⅳ.①F822.9

中国版本图书馆 CIP 数据核字（2011）第 264886 号

"十二五"国家重点出版规划项目

中国史话·制度、名物与史事沿革系列

货币史话

著　　者 / 刘精诚　李祖德

出 版 人 / 谢寿光
出 版 者 / 社会科学文献出版社
地　　址 / 北京市西城区北三环中路甲29号院3号楼华龙大厦
邮政编码 / 100029

责任部门 / 人文分社（010）59367215
电子信箱 / renwen@ssap.cn
责任编辑 / 周志宽
责任校对 / 黄　丹
责任印制 / 岳　阳
总 经 销 / 社会科学文献出版社发行部
　　　　　（010）59367081　59367089
读者服务 / 读者服务中心（010）59367028

印　　装 / 北京画中画印刷有限公司
开　　本 / 889mm×1194mm　1/32　印张 / 6
版　　次 / 2012年3月第1版　字数 / 118千字
印　　次 / 2012年3月第1次印刷
书　　号 / ISBN 978-7-5097-2992-2
定　　价 / 15.00元

本书如有破损、缺页、装订错误，请与本社读者服务中心联系更换
版权所有　翻印必究

《中国史话》
编辑委员会

主　　任　陈奎元

副 主 任　武　寅

委　　员　(以姓氏笔画为序)

　　　　　卜宪群　王　巍　刘庆柱

　　　　　步　平　张顺洪　张海鹏

　　　　　陈祖武　陈高华　林甘泉

　　　　　耿云志　廖学盛

总　序

中国是一个有着悠久文化历史的古老国度，从传说中的三皇五帝到中华人民共和国的建立，生活在这片土地上的人们从来都没有停止过探寻、创造的脚步。长沙马王堆出土的轻若烟雾、薄如蝉翼的素纱衣向世人昭示着古人在丝绸纺织、制作方面所达到的高度；敦煌莫高窟近五百个洞窟中的两千多尊彩塑雕像和大量的彩绘壁画又向世人显示了古人在雕塑和绘画方面所取得的成绩；还有青铜器、唐三彩、园林建筑、宫殿建筑，以及书法、诗歌、茶道、中医等物质与非物质文化遗产，它们无不向世人展示了中华五千年文化的灿烂与辉煌，展示了中国这一古老国度的魅力与绚烂。这是一份宝贵的遗产，值得我们每一位炎黄子孙珍视。

历史不会永远眷顾任何一个民族或一个国家，当世界进入近代之时，曾经一千多年雄踞世界发展高峰的古老中国，从巅峰跌落。1840年鸦片战争的炮声打破了清帝国"天朝上国"的迷梦，从此中国沦为被列强宰割的羔羊。一个个不平等条约的签订，不仅使中国大量的白银外流，更使中国的领土一步步被列强侵占，国库亏空，民不聊生。东方古国曾经拥有的辉煌，也随着西方列强坚船利炮的轰击而烟消云散，中国一步步堕入了半殖民地的深渊。不甘屈服的中国人民也由此开始了救国救民、富国图强的抗争之路。从洋务运动到维新变法，从太平天国到辛亥革命，从五四运动到中国共产党领导的新民主主义革命，中国人民屡败屡战，终于认识到了"只有社会主义才能救中国，只有社会主义才能发展中国"这一道理。中国共产党领导中国人民推倒三座大山，建立了新中国，从此饱受屈辱与蹂躏的中国人民站起来了。古老的中国焕发出新的生机与活力，摆脱了任人宰割与欺侮的历史，屹立于世界民族之林。每一位中华儿女应当了解中华民族数千年的文明史，也应当牢记鸦片战争以来一百多年民族屈辱的历史。

当我们步入全球化大潮的21世纪，信息技术革命迅猛发展，地区之间的交流壁垒被互联网之类的新兴交流工具所打破，世界的多元性展示在世人面前。世界上任何一个区域都不可避免地存在着两种以上文化的交汇与碰撞，但不可否认的是，近些年来，随着市场经济的大潮，西方文化扑面而来，有些人唯西方为时尚，把民族的传统丢在一边。大批年轻人甚至比西方人还热衷于圣诞节、情人节与洋快餐，对我国各民族的重大节日以及中国历史的基本知识却茫然无知，这是中华民族实现复兴大业中的重大忧患。

中国之所以为中国，中华民族之所以历数千年而不分离，根基就在于五千年来一脉相传的中华文明。如果丢弃了千百年来一脉相承的文化，任凭外来文化随意浸染，很难设想13亿中国人到哪里去寻找民族向心力和凝聚力。在推进社会主义现代化、实现民族复兴的伟大事业中，大力弘扬优秀的中华民族文化和民族精神，弘扬中华文化的爱国主义传统和民族自尊意识，在建设中国特色社会主义的进程中，构建具有中国特色的文化价值体系，光大中华民族的优秀传统文化是一件任重而道远的事业。

当前，我国进入了经济体制深刻变革、社会结构深刻变动、利益格局深刻调整、思想观念深刻变化的新的历史时期。面对新的历史任务和来自各方的新挑战，全党和全国人民都需要学习和把握社会主义核心价值体系，进一步形成全社会共同的理想信念和道德规范，打牢全党全国各族人民团结奋斗的思想道德基础，形成全民族奋发向上的精神力量，这是我们建设社会主义和谐社会的思想保证。中国社会科学院作为国家社会科学研究的机构，有责任为此作出贡献。我们在编写出版《中华文明史话》与《百年中国史话》的基础上，组织院内外各研究领域的专家，融合近年来的最新研究，编辑出版大型历史知识系列丛书——《中国史话》，其目的就在于为广大人民群众尤其是青少年提供一套较为完整、准确地介绍中国历史和传统文化的普及类系列丛书，从而使生活在信息时代的人们尤其是青少年能够了解自己祖先的历史，在东西南北文化的交流中由知己到知彼，善于取人之长补己之短，在中国与世界各国愈来愈深的文化交融中，保持自己的本色与特色，将中华民族自强不息、厚德载物的精神永远发扬下去。

《中国史话》系列丛书首批计200种，每种10万字左右，主要从政治、经济、文化、军事、哲学、艺术、科技、饮食、服饰、交通、建筑等各个方面介绍了从古至今数千年来中华文明发展和变迁的历史。这些历史不仅展现了中华五千年文化的辉煌，展现了先民的智慧与创造精神，而且展现了中国人民的不屈与抗争精神。我们衷心地希望这套普及历史知识的丛书对广大人民群众进一步了解中华民族的优秀文化传统，增强民族自尊心和自豪感发挥应有的作用，鼓舞广大人民群众特别是新一代的劳动者和建设者在建设中国特色社会主义的道路上不断阔步前进，为我们祖国美好的未来贡献更大的力量。

陈奎元

2011年4月

⊙刘精诚

作者小传

　　刘精诚，浙江慈溪人。华东师范大学历史系教授。1965年复旦大学历史系研究生毕业。主要著作有《魏孝文帝传》、《话说中国·空前的融合》、《中国道教史》、《中国货币史》(合著)、《中国历史大讲堂·两晋南北朝史话》等。

⊙李祖德

作者小传

　　李祖德，男，1936年生，籍贯上海。1963年复旦大学历史系研究生毕业。1964年在中国科学院哲学社会科学部（中国社会科学院前身）历史所工作，历任《中国史研究》主编、编审，历史研究所副所长，所学术委员会副主任，院学术职称评审委员会委员，中国地方志指导小组副秘书长，方志出版社总编辑兼副社长，中国秦汉史研究会副会长。享受国务院政府特殊津贴。在货币史方面，有《西汉的货币改制》、《论西汉的黄金货币》以及《汉代的货币》等论著。

目 录

前 言 …………………………………………… 1

一 实物货币与贝币 ……………………………… 3
  1. 货币的起源 ………………………………… 3
  2. 贝币——货币的雏形 ……………………… 5
  3. 金属称量货币的出现 ……………………… 12

二 布币、刀币、圜钱和蚁鼻钱 ………………… 17
  1. 春秋时期的金属铸币 ……………………… 17
  2. 战国时期四大货币体系的确立 …………… 25
  3. 各国货币的融合趋势 ……………………… 36

三 半两钱和五铢钱 ……………………………… 39
  1. 秦统一后半两钱成为法定货币 …………… 39
  2. 汉初铸币的变化 …………………………… 41
  3. 汉武帝建立五铢钱制度 …………………… 46
  4. 王莽的币制改革 …………………………… 50
  5. 东汉恢复五铢钱 …………………………… 58

四 货币的混乱和衰落 …………………………… 61
1. 三国的货币 …………………………… 61
2. 两晋十六国的货币 …………………… 63
3. 南朝的货币 …………………………… 66
4. 北朝的货币 …………………………… 71
5. 实物货币地位的加强 ………………… 75

五 从铢两钱到通宝钱 …………………………… 80
1. 最后的五铢钱——隋"开皇五铢" …… 80
2. 唐初的"开元通宝"及其意义 ……… 82
3. 私铸、劣钱与通货膨胀 ……………… 85
4. 两税法后的通货回缩 ………………… 88
5. 五代十国币制的复杂混乱 …………… 92
6. 实物货币与白银货币 ………………… 96

六 纸币的产生 …………………………………… 101
1. 两宋钱币的特点 ……………………… 101
2. 北宋"钱荒"的原因 ………………… 106
3. 南宋的"钱荒"与对策 ……………… 108
4. 中国货币史的新阶段——纸币的产生 … 111
5. 白银货币地位的增强 ………………… 117

七 纸币的通货膨胀 ……………………………… 121
1. 辽代的货币 …………………………… 121
2. 西夏的货币 …………………………… 124

3. 金代交钞的通货膨胀 ………………………… 126
　　4. 元代的钞法 …………………………………… 131

八　白银成为普遍通用的货币 ……………………… 138
　　1. 明初的"洪武通宝"和"大明宝钞" ……… 138
　　2. 明代银本位制度的确立 ……………………… 143
　　3. 明中后期铜钱的流通 ………………………… 146
　　4. 清代银两和银元的产生 ……………………… 149
　　5. 清代制钱和铜元的产生 ……………………… 154
　　6. 清代的纸币 …………………………………… 159

九　近代货币的变迁 ………………………………… 163

参考书目 ……………………………………………… 168

前 言

中国是一个伟大的文明古国。我们的祖先在生产和交换的实践活动中创造了丰富多彩的货币形态,形成了独特的货币体系。中国古代货币文化所放射出来的异彩,成为中国灿烂文化中的一枝奇葩,一向为世人所瞩目。

中国古代货币的发展,大体上可划分为三个阶段。第一阶段,原始社会末期到西周,以实物货币为主。在原始社会后期的物物交换中,最早产生的是物品货币,其中有牛、羊、兽皮、五谷、布帛、珠玉、海贝等,最后集中到贝这一实物货币上。夏、商、西周时期,贝成为主要货币形态。西周后期,一些青铜块和青铜锭被充当货币,这是金属称量货币。第二阶段,春秋战国到隋唐五代,以铜铸币为主。在春秋战国,出现了布币、刀币、圜(音 yuán)钱、蚁鼻钱四大货币体系,秦汉到南北朝出现以重量来体现的半两钱、五铢钱,唐以后出现了通宝钱、年号钱,清末出现了铜元。铜铸币是中国古代的主干货币,发展得最为充分。第三阶段,两宋到明清,产生了纸币。这时期铜铸币仍然存在和使用，但纸币和白银货币地位日益增强，所以是中国货币史上一个新的阶段。

中国货币史是一门边缘科学。它涉及钱币学、考古学、历史学、经济学、民俗学，以及冶金、书法、美术等多种学科。一枚小小钱币的历史演变可以折射出一个时代的兴衰成败；钱币的书法、造型、铸造技术等方面也无不反映出一个时代的文化特征。因此，近代以来，钱币学受到国内外许多学者的关注和重视，他们对钱币的形制、成分、文字、真伪、年代、制作等各方面，作了系统的细致的研究，取得了不少成果。在中国考古中不断出土的各种钱币，为货币史的研究提供了珍贵的实物资料。所有这些，都为我们撰写本书创造了条件。

本书尽可能系统地叙述中国货币的产生、发展和演变过程，并力求通俗易懂。在书中，我们提出了自己的一些看法，也吸收了学术界的一些有益成果。总之，我们主观上是想为广大读者提供一本简明而又能反映新水平的知识性读物。但限于水平，一定还有不足之处，敬希广大读者批评指正。

一 实物货币与贝币

1 货币的起源

货币是一种神奇的东西。人们有了它就可以获得其他很多商品，从而满足自己的需要。因此，人们狂热地追求它，把它当做神来崇拜。但是，货币为什么会具有如此强大的魔力？它又是怎样产生的呢？

关于货币的起源，在我国古代流传着各种不同的说法。其中最引人注目的莫过于"人君制币说"了。《管子》《国蓄篇》最明确地提出了这一观点："人君铸钱立币。"人君为什么铸币呢？《山权数篇》中说：禹、汤时因发生水旱灾害，人君为救灾救民才铸币；《国蓄篇》中则说，人君为"御民平天下"即作为统治工具而铸币。

"人君制币说"，对后世产生了很大的影响。每当货币成为社会问题时，这种思想便会时时不断地出现。如西汉文帝时，贾山为了反对解除盗铸钱令，说："钱者，无用器也，而可以易富贵。富贵者，人主之操柄也。"景帝时晁错说："夫珠玉金银，饥不可食，寒不可衣，然而众贵之者，以上（君主）用之故也。"东晋，孔琳之在反对桓玄废钱时说："圣王制无用之货（货币），以通有用之财（商品）。"这些说法，都把货币说成是由君主制定或操纵的；如果没有人君制币，货币就成了无用之物，也就不会存在。显然，"人君制币说"对货币起源的解释是肤浅的。它存在这样一个问题：货币既然饥不可食，寒不可衣，而为什么经过"人君制币"就能换取其他一切所需的物品呢？古老的"人君制币说"，不能够正确地解答这个问题。

　　马克思主义告诉我们，货币起源于商品生产和商品交换，它是起着一般等价物作用的特殊商品。在原始社会后期，随着私有制和社会分工的发展，出现了商品生产和商品交换。最早的交换关系是偶然的物物交换，如出于相互需要，某甲多余的粮食与某乙多余的麻布交换。《诗经·氓》曾说到一个男子"抱布贸丝"。《易·系辞》记载："日中为市，致天下之民，聚天下之货，交易而退，各得其所。"这是对古代商品交易最为生动的写照。随着社会经济的发展，剩余产品的增多，交换的频繁，这种偶然性的以物易物不能满足发展的需要，使交换产生了困难。例如粮食所有者需要交换麻布，而有人愿意把麻布交换成粮食，这样交换就可以进行。不过这种交换，具有很大的偶然性。如果拥有麻布的人不需要粮食而需要绵羊，交换就无法进行。于是，人们在多次交换中不断总结经验，把自己的商品先换成一种大家都愿意接受的商品，然后再用这一商品去交换自己所需要的商品。这种间接的媒介物商品，就开始具有货币的性质。我们可以称之为"物品货币"。而马克思把这种起交换媒介作用的商品叫做"一般等价物"。

在开始时，物品货币并不固定于某一商品。在不同地区、不同阶段，往往用不同的商品来充当。在我国古代，牲畜、兽皮、五谷、布帛、珠玉、海贝、龟壳、农具等，都曾作为物品货币而起过重要的作用。我国古史记载，传说神农氏制嫁娶，以"俪皮"为礼，即把兽皮作为物品货币。山东大汶口文化遗址的墓葬中就发现了早在5000年之前的、大量的猪头和下颚骨的随葬品，说明了猪这种牲畜已成为一种财产的象征，并作为商品媒介物的物品货币而出现。

随着商品交换的不断发展，人们在交易中慢慢发现，有许多物品货币存在着一定的局限性。例如，牛、羊、猪不能随意分割；兽皮、布帛不能任意撕裂；五谷容易腐烂变质，不能久藏；珠玉珍贵稀少，容易破碎，不适应商品交换的众多需要；刀铲工具过于笨重，携带不便，等等。因此，这些物品货币就在频繁的交换过程中逐渐被自然淘汰，最后不得不让位于具有特殊天然条件的海贝。

❷ 贝币——货币的雏形

海贝，质坚耐用，色光美丽。最初，古人常把它作为装饰品使用，如把海贝串成一束，挂在颈项，作为"颈饰"。由于海贝具有使用价值，因此常常作为商品与其他物品交换。海贝与其他物品货币相比,具有很多优点,如体积小,重量轻,便于携带;质地坚固,久藏不毁;形制统一,不易伪造;色彩斑斓,人人喜爱;枚枚可数,宜作计量单位。因此,在长期的商品交换中,其他的物品货币如牲畜、布帛、五谷等就逐渐被淘汰,而海贝则以其众多的优越性而最终成为中国最早的货币。

从我国古代文字结构来看,凡与价值有关的字,大多是由贝字演化而来。东汉许慎的《说文解字》中,属于买卖的有赊、贳(音 shì,意出借)、赘(音 zhuì)、质、买、贩、卖、贵、贱、购等字;属于赏赐的有贺、贡、赍(音 jī)、赂、赠、赏、赐等字;属于钱货的有贿、财、货、资、赈等字。这些字都从贝字演化而来,充分说明了古代的贝是作为货币而被广泛使用的。

早在原始社会后期,海贝已作为我国货币的萌芽开始使用。在青海乐都柳湾马家窑文化墓葬中,有随葬品海贝、骨贝和石贝。在西宁朱家寨新石器时代墓葬中,以及云南西双版纳原始社会遗址中,也有海贝出土。

夏代,贝已作为主要货币。《盐铁论·错币篇》中曾提到"夏后以玄贝"。玄贝即黑色的贝。在河南偃师二里头夏文化遗址中,发现有大量的天然贝,此外还有经过加工的骨贝和石贝。这些仿贝的出现,说明真贝在夏代早已开始取得了货币的地位,并已不敷应用,这时的贝除了作为货币外,仍有装饰品的作用。

商代，贝的使用更为普遍。相传殷商族人喜欢经商，贝币已成为人们追求的目标。《尚书·盘庚》记载，盘庚谴责贵族大臣对王不尽忠，只顾贪图贝玉。告诫他们要"无总于货宝"。可见贝和玉在当时的人们心目中都是财富的象征。在郑州商代前期的一座墓葬内，发现有穿孔的贝460枚之多。这些都说明，在盘庚迁殷以前贝币已经大量使用。

商代使用贝币，在青铜器中也可以找到不少例证。在青铜器《辛巳彝》、《中鼎》、《豕爵》、《戍角鼎》、《庚申父丁角》、《彦鼎》、《戊辰彝》等中，都有许多赏贝、赐贝的记载。在商代的考古发掘中，也有不少贝出土。如1928年，在河南安阳殷墟出土96枚贝；1957年，在安阳高楼庄的两座商代墓葬内，分别出土随葬贝1枚和3枚海贝；1958年，安阳薛家庄发掘的商代墓中，有8座各置贝1枚；1958年，安阳大司空村发掘一批小型商代墓葬，其中11座墓殉有海贝，少者1~2枚，多者达83枚，总数为120枚；1975年，在偃师二里头的一墓葬中出土海贝12枚。有人统计，1969~1977年，在安阳殷墟西区发掘出939座商代墓葬，其中342座有殉贝，总数达2459枚，背部均穿一孔，其中4座墓内贝在百枚以上。最多的2座有350枚之多。以上墓葬中出土的海贝，一般在10枚以下，多则不超过百枚，只有少数超过百枚的，说明这些墓葬的墓主身份并不高贵。在商代王室的墓葬中，情况就大不相同了。1976年，在安阳小屯村附近发掘出一座完整的王室"妇好"墓。妇好是商王武丁的配偶。墓中除了出土大批精美的玉器、铜器等随葬品外，特别引人注目的是墓内随葬的海贝，竟达6880枚之多。据鉴定，这些海贝分别出产于台湾、南海以至更远的海域。可见这些海贝不但数量多，而且来之不易。

上述出土的众多海贝多经过穿孔。有的在贝的背面尖端，有的在贝的中部，这说明，海贝在殷商已作为一种财富，用于装饰。其中最为典型的是1953年在河南安阳大司空村出土的海贝，在83座墓中出土贝234件，都被墓葬人含在口内，握在手中，系在脚下，显然是作为装饰品使用的。这与后世用玉、钱随葬的习俗是相似的。在甲骨文和青铜器铭文中，经常可以见到"朋"字。在甲骨文中作𦥑、𣥏；在青铜器中作𦥑、𠬝。这是把贝穿成两串，分别挂在左右，作为装饰品。此后，由于商品交换的需要，贝朋由装饰品转为货币财富，是一种计量单位，就像后世把钱串在一起称作"一缗（音mín）"、"一贯"一样。一"朋"是多少呢？《诗·小雅·菁菁者莪》郑玄笺认为，一"朋"为5贝，但在考古发掘中，有的一串20贝，有的一串10贝，有的一串5贝。看来一"朋"究竟是多少尚难定论。

贝的价值与购买力是较高的，从甲骨文与青铜铭文来看，一般没有超过10朋，最多也只有20朋，由此可见，殷商时的贝币是很宝贵的。当时商王或诸侯赏给大臣的贝，其中有的是用来铸作礼器的，有的10朋或2朋就可以制作青铜的鼎或彝，这也说明贝币的购买力比较高。

贝的种类很多。有黑色的，产于海滨，比较珍贵；有紫色的，称"紫石"，汉文帝时南粤王曾献紫贝五百，说明紫贝到了汉时仍作为珍贵的贡物向皇帝进献；有白色的，考古中出土最多，这种贝洁白有光，十分美丽，古人常用它比喻牙齿，称"齿若含贝"。这是流行最普遍的贝币。

商代后期，商品经济进一步发展，天然贝作为货币已感不足，于是出现了人工仿制贝。最多见的是骨贝，贝面有刻齿，背部穿有一孔，用兽骨雕作的有的是二孔。骨贝大多出土于山东的滕县、临淄，河南的殷墟、洛阳、新安县、辉县，河北的磁州，山西的浑源，青海西宁的朱家寨等地。河北磁州出土的骨贝，被染成绿色或褐色，其形状与真贝很难区分，可见制作之精美逼真。除骨贝外，还有蚌壳仿作的贝，称"珧（音 yáo）贝"。在河南洛阳和河北磁州均有出土，有的制作精美，有的制作粗糙。玉贝和陶贝，大多是作为殉葬品。还有铜贝，这是我国最原始的金属货币，在河南安阳、山西保德县均有出土。商代仿贝品种的多种多样，恰好说明贝币在当时流通广泛，已成为货币的主要形态。

西周是继殷商之后建立起来的一个兴盛王朝（公元前 11~前 8 世纪）。由于耕作技术的提高和大量荒地被开垦，农业生产比商代有更大发展。在农业发展基础上，手工业也有新的进步。周王室和诸侯公室都拥有各种手工业作坊，其中能工巧匠众多，号称"百工"。社会生产的发展，促进了商业的繁荣，在商品交换中货币得到了广泛的应用。西周的主要货币形态仍然是贝币。但周王的赐贝数大大超过了殷商。郭沫若在《西周金文辞大系图录考释》一书中所收的162个铜器铭文中，有21个记载着赐贝的事。在殷商时代，赐贝大多在2～5朋之间，一般不超过10朋，而到了西周，赐贝都在10朋或10朋以上，多则50朋、百朋，反映了西周货币经济的发展。

西周的贝币在考古发掘中也有不少发现。1932～1933年，在河南浚县辛村，曾4次发掘西周卫国墓葬83座，共出土海贝3472枚，其中的一座就出土2915枚。1953年，在长安普渡村的两座西周墓中出土贝13枚，其中最大的长2.5厘米，宽2.1厘米，最小的长2.2厘米，宽1.7厘米。1954年，又在长安普渡村西周墓出土贝56枚，大小不同，形式一样，突起的一面有一小孔，上面有的涂着朱红。1955～1957年，在长安县沣河发掘182座西周墓葬，其中95座共出土贝千枚以上，背上都穿透一孔。1957年，在陕西岐山、扶风一带发掘西周墓葬6座，共出土贝60枚。1972年，在甘肃灵台发掘8座西周墓葬，其中5座共出土贝120枚。1973～1974年，在北京房山县琉璃河发掘西周早期的燕国墓7座，各墓均有贝币出土，约有数百枚。1975～1976年，在甘肃灵台发掘两座西周墓，其中第八号墓出土贝52枚，最大的长2.5厘米，最小的长1.6厘米，背部均磨制一孔，大小不等。1977年，在山东济阳刘台子西周墓出土贝77枚，贝背的磨孔较小，出土于人架脚部。1976～1978年，再次发掘长安沣西，在客省庄和张家坡11座西周墓中出土贝700多枚，蚌贝163枚。

从以上西周出土之贝币可以看到，西周与殷商两个朝代，贝币的流通存在着较大的差异：第一，殷商时期出土的贝币，大多数集中在河南安阳的首都地区，其他地区较为少见。可是到了西周，贝币出土不仅限于河南，而且还有陕西、山东、甘肃、山西、江苏等地。比较起来，西周出土贝币地区之广，已远远超过了殷商时期。第二，殷商时期，贝币出土之数量，除了王室"妇好"墓为6880枚之外，一般墓葬出土之贝少则一枚，多也不超过百枚。而西周出土之贝，虽然没有一个能超过"妇好"墓，但大多在数十或数百枚之间，只一枚的现象已很难再见。河南浚县辛村墓葬中一个普通的贵族，殉贝近3000枚，这在殷商贵族墓葬中也难以找到。可见，西周贝币的使用量也大大超过了殷商时期。这表明了西周商品货币经济的发展。

西周贝币的价值和购买力已经有了明确的记载。周成王时期的《遽（音jù）伯睘卣（音yǒu）》铭文记："遽伯睘乍（作）宝彝，用贝十朋又瘫（四）朋。"这里明确指出，遽伯睘铸作宝彝，用去了14朋的贝币。它是我国历史上第一次明确记录贝币价值和购买力的资料。1975年陕西岐山县董家村西周铜器窖穴出土的《卫盉（音hé）》铭文中，也有西周贝币价值的记载，大意是，矩伯用10块田，换取裘卫用于朝觐的价值80朋贝的玉璋；又用3块田，换了价值20朋贝的两张赤色虎皮，两件鹿皮披肩和一件杂色围裙。

11

这个资料，把贝朋作为田地、虎皮、鹿皮、围裙的等价物，在交换时，要把实物折成贝朋来计算。可见，西周每块田的价格大致在7～8朋之间。以上材料，说明贝具有货币中价值尺度的职能。

总之，在夏商周时代，贝币已作为主要货币形态而广泛使用流通。贝币是中国古代最原始的货币。

8 金属称量货币的出现

殷商、西周奴隶制经济的发展，加速了货币形态的演变，除普遍流通的天然贝外，一些青铜生产工具和青铜锭也被充当货币使用。这种货币，主要以重量为价值的计量单位，故称金属称量货币，这是金属货币的原始形态。

贝币虽然较其他物品货币有很多优点，如久藏耐磨、便于携带等，然而也存在着不少缺陷，如贝有精粗、大小、比价不易确定；贝的品种各异，有骨贝、石贝、铜贝等，使贝币更加难以确定价值高低。到了西周后期，随着商品交换的发展，贝作为货币已日益不能适应社会流通的需要，因而在市场中被逐渐淘汰。另一方面，金属货币却日益显示了它的优越性：金属质地均匀，经久耐磨，便于携带和保藏，可以随意分割而价值不变，是作为价值尺度、流通手段的理想材料。因此它就逐渐取代贝币，成为社会货币的主要形态。

金属货币可能早在夏代就已经出现。《管子·国蓄篇》已有夏禹以"历山之金"用作铸币的记载。而《史记·平准书》则说得更具体:"虞夏之币,金为三品,或黄或白或赤。"这三品应是"金、银、铜"。可见,古人把金、银、铜作为我国最早的金属货币币材。在夏文化遗址中已有青铜出土,因此出现金属称量货币是可能的。

商代已有铜贝出现。1953年,在河南安阳大司空村14号商墓中发现了随葬铜贝1枚,长1.5厘米,宽1.2厘米;在312号墓内发现铜贝2枚,长1.7厘米,最宽1.3厘米。1969~1977年,在安阳殷墟西区商墓中出土铜贝2枚,"似海贝,长1.6厘米"。1971年,在山西保德县林遮峪村商代晚期墓葬中,出土铜贝109枚。这些铜贝,形状与海贝相仿,是仿海贝制成的。

西周时期,金属货币开始得到了广泛应用。在西周青铜器铭文中,有关赐金、罚金、孚(俘)金的记载很多。武王时《利簋(音 guǐ)》载:"王在闌师,赐右史利金。"成王时《禽簋》载:"王赐金百寽(音 lǜ)。"《员卣》载:"真俘金,用作旅彝。"昭王时《小子生方尊》载:"小子生赐金。"穆王时《禄簋》载:"白雍父来自胡,蔑禄历,赐赤金。"共王时《内史鼎》载:"内史会口吏赐金一钧。"《友鼎》载:"赐金一钧。"孝王时《陶子盘》载:"赐口口金一钧。"厉王时《翏生盨(音 xǔ)》载:"俘戎载器,俘金。"还有《辛宫鼎》说:"辛宫赐舍父帛(白)金。"《瘭钟》说:"赐白金十钧"等。从以上西周铭文中,有几点值得我们注意:①西周金属货币实行多种币材制度。

上述铭文中,有的称"金",有的称"赤金"、"白金"。在金属货币处于原始萌芽阶段时,古人往往把各类金属都称作为"金"。后来"金三品"之说中的金是泛指金、银、铜等金属。大概到春秋战国之际,黄金和铜才有了明确的区分。因此上述铭文中的"金",有可能是指黄金,也可能是指铜。总之,西周金属货币的币材不是单一的,而是多种多样的。②西周的金属货币在当时的经济生活领域中,已居于比较重要的地位。例如对大臣的赏赐馈赠,罚金赎罪,征收贡金等,都使用了金属货币。战争中,金属货币也成为掠夺的重要目标,在上述青铜器铭文中常出现"俘金"字样。③当时的金属货币尚处在比较原始的称量货币阶段,以金属重量来计算价值的大小。在上述西周铭文中的"钧"、"寽",即是指计算金属称量的单位。钧同匀,金文作 $\mathfrak{h}$,即用手握铜饼的样子。根据《说文·金部》,一钧为30斤。《周礼·大司寇》"入钧金"郑玄注也说:"三十斤曰钧。"《说宛·辨物》也称:"三十斤为一钧。"辩因此一钧为30斤,已成为当时公认的货币计量单位。"寽"的重量究竟有多少,意见分歧较大。《说文解字》认为,一寽为11铢25分铢之13。24铢为一两,也就是说一寽相当于半两略少;《周礼》、《考工记》、《冶氏》注引郑玄和《尚书》、《吕刑》孔传则认为一寽相当于6两或略多。这些分歧,说明秦汉统一度量衡后,寽的计量单位已废止不用,以致东汉以后已搞不清寽的实际重量。

西周金属称量货币的形制,由于以重量来决定价值的大小，因此没有固定的形状。一般以散铜块、铜渣、铜片为主要形式，大多为方形、近似长方形、半月形和不规则形，大小不一，轻重不等。如1971年在陕西周原召公镇张黄村出土的"贯偶（音 chēng）父乙"方罍（音 léi）中，装有铜渣15公斤。1971年，在河南洛阳北窑村发掘西周墓中，发现4块碎铜块和玉器、海贝放在一起。这些不定型的碎铜块，说明西周金属货币虽然经过冶炼，但与天然物几乎没有多少差异。随着货币的发展，后来就出现了一定形状的金属称量货币，即经过人工加工的青铜饼。如1973年江苏句容县西麓村出土青铜块10块，重7.5公斤；1975年江苏句容庙村出土青铜块150公斤；同年江苏金坛县城东出土230块青铜块，重75公斤，装在一个陶器内。这些青铜块是经过冶炼烧铸成饼状后再打成碎块，既有边缘部分，也有中心部分。单块大小不一，重量各异，轻的只有几十克，重的可达几千克。这些墓葬处于西周中晚期，说明当时已有饼状金属货币出现，并可根据需要打碎使用。1976年在陕西临潼出土一个完整的青铜饼，直径为20厘米。同时，在西周孝王时的青铜器《效父簋》的铭文中"吕"字作"⁚"两个饼的样子，前述"钧"字也写作一手握两只饼子状，这是饼状金属货币在文字中的反映。

铜贝也是西周金属称量货币中的一种形式，西周青铜器《曶（音 hū）鼎》、《番生簋》、《毛公鼎》的铭文中有"䍙"、"䚖""實"等字，据专家诠释，是"贝"字的演化，而其计量单位又都用金属货币的

"孚"来计算，可见这些金属货币应是铜贝。

总之，西周末年赐贝之事在铭文中已渐少见，说明金属货币已逐渐代替了贝币而成为主要货币。但是西周的金属称量货币，不论其形式如何，也只是简单地按重量进行交换。它只是物品货币向金属铸币过渡中的一个重要环节。

二 布币、刀币、圜钱和蚁鼻钱

春秋时期的金属铸币

春秋（公元前771～前475年）时期是我国由奴隶社会向封建社会转变的阶段。促成这一社会变革的物质因素是社会生产力的发展。春秋时代，农业的发展表现在铁制工具的广泛使用、牛耕在农业中的推广、荒地的开垦、水利灌溉事业的发展、产量的提高，等等。农业的进步，为手工业和商业的繁荣创造了有利的条件。这一时期，与地区经济发展相适应，手工业门类较前增多。新兴的手工业有冶铁、煮盐、漆器等。此外，青铜铸造、纺织、瓷器烧造也有新的发展。除了官府手工业外，出现了以生产商品为主的私营手工业和独立个体手工业者。随着社会分工的扩大，商业也日趋繁荣。官商已不能再垄断贸易，私商的势力日益强大。中小商人"负、任、担、荷、服牛、轺（音yáo，意小马车）马，以周四方，以其所有，易其所无"（《国语》《齐语》）。有些大商人如范蠡（音lí）、子贡等往来于列国之间，不仅是货殖的能手，在政治上也非常活跃。城市也不断兴起，春秋后期，齐都临淄的街道上人流如潮，已经是一个很热闹的城市了。春秋时期同时也是中国货币史上一个重大发展的时期，最突出的是金属称量货币开始向金属铸币转化。

金属铸币与金属称量货币有着很大的不同。金属称量货币没有固定的重量，也没有一定的形状。西周的铜饼、铜贝，虽有形状，但大小不一，重量不等。因而人们在使用这些货币时，既要确定重量，又要鉴定成色，在交换中有诸多不便。从严格意义上说，金属称量货币实际上仍然是一种自然状态的金属铸块，还没有完全脱离原始的物品货币形态。在交换过程中，它一方面作为一般等价物的货币，另一方面由于本身的使用价值而又成为商品。金属铸币却不同，它是经过国家认可而确定的具有固定的重量形态和成色的货币。人们在使用它时，不必再先考虑它的重量，而只要计算货币的数量，既简单又方便。因此，春秋时期随着商品经济的发展，金属铸币在社会上流通起来，成为我国货币史上的一大进步。

中国金属铸币具体开始于春秋何时？目前学术界尚有分歧。据《国语·周语下》周景王二十一年（公元前524年）载，周景王"将铸大钱"。单穆公反对"废轻而作重"。他主张在铸大钱的同时，仍保留小钱，大小钱同时并行，大钱为母，小钱为子，使"子母相权"，相辅而行。在市场交换中百姓若感到币轻不便，就多铸重币，以满足大宗交易的需要，这是"母权子"；当市场上重币过多，不便于小额交易时，就多铸轻币，这是"子权母"。这样"子母相权"，就是要随时调节货币的轻重，以适应市场流通的需要。

在《史记·循吏传》中，记载了一条春秋时楚庄王行大钱的事："庄王以为币轻，更小以为大，百姓不便，皆去其业。"楚庄王以"币轻"，改为造大钱，结果百姓失业，造成了混乱。

这里都提到了"币轻"和"币重"的问题，而这个问题只有在货币进入到金属铸币阶段时才会产生。因为，在金属称量货币阶段是以重量来决定其币值，不存在"币重"和"币轻"的问题。而金属铸币则不同，它在形状、重量、钱文等方面都有国家法定的统一的规格，铸币的重量大小有一个适合市场需要的问题，于是便产生"币重"、"币轻"的货币理论。这种理论是在现实生活的实践中产生的。所以，"币重"、"币轻"问题的提出，正说明春秋时，已有金属铸币的存在。

由于春秋时期诸侯林立，各地经济发展不平衡，反映在金属铸币上也产生了各种不同的货币形制，大致可以分为布币、刀币和蚁鼻钱三种不同的货币体系。

（1）布币。我国最早的货币之一，脱胎于铲形农具。古代有一种农具叫镈（音 bó），形状如铲，上首部圆空，用于装木柄；中间厚重，不易折断；下足部尖薄，可用于锄草、挖沟。镈和布同音假借，故又称布。还有一种叫"钱"的农具，与古镈相似，但下足部较平。这两种农具，在商品交换中逐渐发展成为布币。早在殷商、西周时期，这种称为布的农具作为物品货币已在市场上流通。1953年，在河南安阳大司空村出土了一件商代铜铲，肩平圆，足部（刃部）平，有纳柄的空心銎（音qióng），銎短，直通到布身的腹部，并有隆起的脊一道。这个铜铲通长22.3厘米，铲长15.5厘米。銎长6.8厘米，肩宽8厘米，足宽9.8厘米，与真的农具相差无几，因此被称为"原始布"。

到了西周，原始布的体形有所缩小。1952年，在洛阳东郊出土了一件西周时的原始布，长方形，与安阳所出铜铲形式相同，但较小，铜质不精，非实用物。这说明西周原始布已逐渐向货币的形态过渡。但作为货币还需要进一步小型化和轻量化，于是原始布又向空首布演化。

空首布铸行于春秋时期，它与原始布一样，都是有空心銎的布币。不过其銎特别长，纳柄的空心銎不再延伸到布身腹部，而截止于布身相接处，体小而薄，重量较轻。

春秋时期，空首布主要流行于黄河中游关、洛、三晋的农业地区（今陕西、河南、山西等地），即当时的晋、周、郑、卫等国。晋国是春秋时期北方的农业大国。早在晋文公（公元前697～前628年）时，就整顿内政，增强军队，使国力强盛，一度成为霸主，经济也发展起来。1959年，在山西侯马晋国新田遗址出土了耸肩尖足空首布12枚，一般通长16.5厘米，素面无文，但其中一枚有"□□□黄䘄（音jīn）"5字。值得注意的是，与空首布同时出土的还有数以万计的铸造空首布的范芯（即銎的范塞），形成厚30厘米，方圆数米的堆积层。这座铸造空首布工场遗址的发现，说明春秋时期的晋国是布币的重要流通区。

春秋时期，洛阳也有大量空首布出土。洛阳是东周的首都，为经济繁荣的商业城市，必然大量使用货币，因而在洛阳附近出土了大量空首布。1962年，在洛阳附近的宜阳县阡陌岭村的灰土层中，发现19枚平肩弧足空首布。1966年10月，群众捐献72枚大型平肩弧足空首布，其出土地点在洛阳北面的孟津县。1970年12月，洛阳南面的伊川县出土了一瓮空首布，重28.5公斤，共753枚，其中大型平肩空首布604枚，斜肩弧足空首布149枚。大型平肩空首布通长9.3～10.1厘米，一般重30克左右，最重的35.5克，最轻的22.5克。钱面都有铭文，大多为一个字，种类约近百种。斜肩空首布则铭有"武"字，通长8.5～8.8厘米，一般重19.3克。1971年，在洛阳西面的新安县出土了装在陶罐内的空首布，计重9.3公斤，共401枚，均为小型平肩空首布。其中除一枚铭有"戈"字外，其余400枚均铭有"安藏"二字，通长6.3～7.4厘米，一般重15.3克。1974年8月，在洛阳出土两罐共1883枚空首布，其中，平肩弧足的1516枚，斜肩的367枚。1975年，在洛阳北面孟津县又出土平肩弧足空首布336枚。1976年年初，在洛阳出土空首布57枚，其中平肩弧足的52枚，斜肩弧足的5枚。1980年，在洛阳附近宜阳县柳泉村出土斜肩弧足空首布150余斤，约2000枚左右。

据初步统计，1949年以来，共发现空首布6100多枚，其中平肩弧足的近3600枚，斜肩弧足的2500多枚。斜肩弧足空首布钱面铭文较为简单，种数不多，而大型和小型平肩空首布上的铭文约有160多种。根据这些铭文，大致可分为以下几类：

纪数类：如一、二、三、四，直到十。

纪干支类：如丙、戊、辛、壬、丑、午等。

纪器物类：如贝、皿（音mǐn）、鬲（音lì）、鼎、尊、爵等。

纪气候类：如日、月、雨、雪等。

纪吉祥类：如吉、喜、羊、祝、昌等。

纪地名类：如纪周地的有周、成、毫、谷、邬、室、向、田等；纪卫地的有共、白、仁、戚等；纪郑地的有武、京、高、仓等；纪宋地的有宋、商、束、空、合等；纪晋地的有同、留、示、吴等。

从这些分类中可以看到，春秋时期铸造的布币五花八门，绚丽多彩。这和当时政治上诸侯分裂割据、各自为政有关，也和春秋时的经济文化发展有关。

（2）刀币。由古代一种叫"削"的铜制手工业用刀和渔猎用刀演变而来。形状像带柄的刀，前部刀端尖，刀背呈弧形，刀凹，柄身有裂纹、柄端有穿绳圆孔。春秋时期，刀币主要流行于齐国和燕国。

齐国是春秋时期第一个霸主。齐桓公时用管仲进行改革，在政治上，分国中为15士乡和6工商乡，分野鄙为5属，设各级官吏管理。在经济上，实行按土地好坏分等征税，适当征及力役，用官府力量发展盐铁业，铸造和管理货币，调剂物价，从而使国力大振。在《管子》的《国蓄》、《山至数》、《地数》、《揆度》、《轻重乙》等篇中，都有关于货币的记载。

齐国刀币在考古中也有不少发现。1956年，在山东莒南城出土刀币109枚，残刀头60枚；1958年，在临淄故城采集到两方残范；1960年，在济南市五里牌坊出土刀币59枚；1966年，在济南历城县出土刀币91枚；同年，济南东郊发现刀币46枚；1969年，在青岛市郊发现刀币2件；1971年，在山东长青县出土刀币83枚；1972年，在山东海阳出土刀币1800多枚。此外，山东即墨、平度等地也有不少刀币出土。

齐国的刀币可以分为即墨刀、齐刀、谭刀、安阳刀4种。"即墨"在今山东胶县北；"齐"即今山东临淄；"谭"即古谭国，在今济南以东龙山城子崖；"安阳"即"莒有五阳之地"（五阳指城阳、南武阳、开阳、阳都、安阳）中的安阳，约在莒与济南之间。这4种货币，除了谭刀仅存"簟邦"二字外，其他3种刀币面背均有铭文。即墨刀面文有"即墨之法化"和"即墨法化"2种；齐刀面文有"齐造邦长法化"、"齐之法化"、"齐法化"、"齐之化"4种；安阳刀面文为"安易之法化"1种。"齐造邦长法化"，可能是田氏伐齐时的开国纪念币。即墨刀、安阳刀、谭刀可能是春秋时期各诸侯国统一铸造的货币。"齐法化"可能是齐国统一铸造的，一直盛行到战国时期。"化"即货字，法化是标准货币的意思，指货币的重量、成色、形制均合标准。

齐国刀币的形制，一般刀柄扁平，面背皆有二道纵纹。刀背身上端有3道横纹。刀形弧背凹刃，刀末有环。以刀币出土的大小来看，六字刀"齐造邦长法化"和五字刀"即墨之法化"、"安阳之法化"一般皆较宽大。四字刀"齐之法化"也如此。而四字刀"即墨法化"与"即墨之法化"则甚小，故有"小即墨刀"之称。三字刀"齐法化"与"齐之法"，有大有小，但无极大的。从刀币字数和形制大小，可以推知铸币时间的先后。大致为五字"即墨之法化"在先，四字"即墨法化"在后；六字"齐造邦长法化"和四字"齐之法化"在先，三字"齐法化"、"齐之化"在后。

春秋时期，燕国也是流通刀币的主要国家，称燕刀。早期燕国的铸币称为尖首刀。特征是刀身长狭，刀刃上端尖锐。刀面一般铸有一字或二字的铭文，文字大多与商代甲骨文颇接近，可能是地名或其他标识。尖首刀又可分为两种：一种即刀身长而刀尖短，另一种是刀身短而刀尖长，因像针，又称"针首刀"。前者一般重15.3~18克，通长14~16.5厘米，最宽1.9~2.2厘米；后者重14.7~16.5克，通长13.8~15厘米，最宽1.8~2厘米。刀币出土地点，大致在燕国沿长城边地一带，即今河北省中部和东部，辽宁省西南部。尖首刀是春秋时期燕国的刀币，到了战国时期，尖首刀逐渐演变为燕国的"明刀"。

（3）蚁鼻钱。春秋时期，蚁鼻钱主要流行于楚国。楚国本是地处长江中游的小国，西周末年，周王室衰微，楚国日益强大。经过楚成王、楚穆王的多年征伐和经营，到楚庄王（公元前613~前591年）时，任用孙叔敖为令尹，任贤用能，发展生产，平定贵族若敖氏的叛乱，为楚国争霸奠定了基础。在经济繁荣的基础上，楚国铸行了自己的货币。《史记·循吏列传》记载，楚庄王"以为币轻，更小以为大"。从"币轻"这一点来看，应是指金属铸币。虽然目前学术界对楚国早期是否铸行蚁鼻钱众说不一，但从楚国的经济发展和上述历史资料分析看，我们认为至少在楚庄王时，楚国已开始通行蚁鼻钱了。

蚁鼻钱从贝币演化而来。因为楚国经济、文化比较落后，镈、刀、纺轮的使用较迟，铜铸币就沿用了仿制贝的形态。蚁鼻钱早在宋代就被人们发现。宋人洪遵在《泉志》中已有关于蚁鼻钱的记载。就现在已发现的蚁鼻钱来看，钱呈椭圆形，正面突起，背面扁平，币面铸有阴文，铭"咒"、"紊"、"全"（金）、"斩"、"三"等字样。由于"咒"字加上穿孔，犹如古怪的人脸或人头，两竖中间部位凸出，像人鼻子，故称"鬼脸钱"或"鬼头钱"。而"紊"字颇像一只蚂蚁，故又称"蚁鼻钱"。钱文出土以"紊"为最多，"咒"为次之，因此人们把它们统称之为"鬼脸钱"或"蚁鼻钱"。

战国时期四大货币体系的确立

战国时期（公元前475~前221年），齐、魏、赵、韩、秦、楚、燕七个大国相继进行了社会改革，巩固了地主阶级政权。由于新的封建生产关系取代了奴隶制生产关系，使社会经济得到了迅速的发展，货币经济也日益渗透到人们的社会生活中。战国初期，李悝曾列举一个普通农民家庭生活费用的状况，他说，农民一家五口治田百亩，除缴税和本身消费外，可得1350钱。衣服，每人岁用300钱，则一家要1500钱，再加社闾祭祀等活动的支出，尚缺450钱，需靠副业等补足。这一张单子说明，货币经济在社会经济生活中已开始确立，它已渗透于人们生产和生活的各个方面。战国时期货币经济的繁荣景象，主要表现在货币流通量逐渐增大；布币、刀币、蚁鼻钱和圜钱4种货币体系正式确立。战国时，布币主要流通于韩、赵、魏等国；刀币主要流通于齐、燕等国；蚁鼻钱主要流通于楚国；圜钱主要流通于秦国和东周、西周。同时，随着战争的扩大，各国疆域的变化，货币流通区域也发生了变化，形成犬牙交错互相渗透的局面。例如，布币不仅在韩、赵、魏的原三晋地区流通，而且还扩展到楚国和燕国；刀币不但在齐、燕流通，在赵国也大量使用；楚国蚁鼻钱的流通区域遍及江南地区；秦国的圜钱，后来居上，在齐、燕、魏、赵等国也都通行。同时，在同一种货币之中也呈现出千姿百态的形式。以布币为例，战国时期的布币，已由春秋时期的空首布，发展到平首布。首部銎已不中空，形体是铲状的铜片，薄而轻小。首部、肩部、足部朝着平纯化、圆化方向发展。大致有以下9种：平肩平底布、平肩弧足布、锐角方足布、平肩方足布、耸肩尖足布、平肩弧形方足布、圆肩弧形足布、圆肩圆足布、三孔圆肩圆足布。又如刀币,形状也有弧背、折背、直背3种,刃首又有直平首、斜平首、尖首之分,铭文各异。圜钱也有圆孔圆钱与方孔圆钱不同、有廓与无廓之分。至于货币中的文字差异,那就更多了。

各国的货币状况,也各不相同。

(1) 魏国。魏国在春秋时晋国空首布的基础上,铸造了带有本国特色的平首布。魏国布币是多等级制。安邑(今山西夏县)是魏国前期的国都,其铸行的布币分为"安邑二釿"、"安邑一釿"、"安邑半釿"3个等级;晋阳(今山西永济县西南)布币分为"晋阳二釿"、"晋阳一釿"、"晋阳半釿"3个等级;其他如梁(今河南开封)布币、山阳(今河南修武县西北)布币也都实行三级制。实行二级布币制的有虞(今山西平陆县境)、高安(今山西夏县西北),分为一釿、半釿。实行一级布币制的有垂(今山东菏泽北)、甫反(即蒲坂,今山西永济东南)、共(今河南辉县)、甚(音zhì)(今山西霍县东北)、垣(今山西垣曲东南)等。釿是魏国布币的货币单位,它所代表的重量在战国的几百年中是有变化的,从出土的实物看,战国时期一釿布约重12~17克,半釿布约重6~9克;战国晚期的一釿布约重11~13克,半釿布约重4~6克。

魏国的布币尚未由中央统一铸币,因此带有许多地方色彩。一是布币铸有地名,如高奴(今山西太原附近)、皮氏(今山西河津南)、酸枣(今河南延津西南)、平邑（今河南南乐东南）、蒲子（今山西蒲县东北）等，这说明魏国地方上拥有铸币权；二是布币的形制也未统一，如安邑布、晋阳布、山阳布、虞布都是圆肩方足圆跨；垣布、皮氏布都是方肩尖足圆跨；阴晋（今陕西华阴县东）布是方肩方足圆跨的。

魏惠王九年（公元前362年），迁都大梁（今河南开封），又铸有大梁布币，铭文分为4种："梁正尚金当寽（音lǔ）"（上等的整梁金一枚相当于一寽）、"梁半尚二金当寽"（上等的半梁金二枚相当于一寽）、"梁充钎金当寽"（梁充当大钎一金相当于一寽）、"梁充钎五当十二寽"（梁充当五大钎相当于十二寽）。"钎"和"寽"都是货币的计量单位。寽又可释为"爰"（音yuán），可能是楚国流通黄金的计量单位。在同一枚铸币中，具有两种货币单位的名称，并标明两者之间的比价，说明这是魏国为了对楚国进行贸易上的需要而特地铸造的。

魏国在实行布币的同时，也铸行了圜钱，圜钱是从纺织工具纺轮演化而来的，形制扁平而圆，中间有孔，大小、形状都与纺轮实物相似。圜钱的扁圆形状，比布币、刀币更便于计数和携带，它不易折断，而且可以用绳子串起来，因此它后来发展成为中国货币的典型代表。魏国圜钱形制为圆孔无廓，它没有像布币那样在全国各地铸造。目前发现的圜钱主要有共（今河南辉县）、垣（今山西垣曲东南）、长垣（今河南长垣县东北）等地区。共圜分为"共"、"共半钎"、"共屯赤金"3种；长垣圜分为"长垣一钎"、"长罡一钎"

2种;"垣"一种。魏国圜钱也以"釿"为计量单位,说明与布币互相通用,很有可能布币是主币,圜钱是辅币。

(2)赵国。赵国的布币与魏国有所不同。魏国的布币以圆肩方足圆跨居多,而赵国布币的主要形式是耸肩尖足方跨。例如赵国"甘丹"(邯郸)、晋阳(今山西太原)、"兹"(音 pī)蔺(音 lìn)(今山西离石县西)、离石(今山西离石)、西都(今山西孝义县)、中阳(今山西中阳县)、新城(今山西朔县)等币,都是尖足布的形式。晋阳,蔺,离石同时还铸行圆肩圆足的布币。赵国布币也以"釿"为计量单位。但在铭文上,魏国布币大多铸有"釿"字,而赵国则大多省去,只记地名与币值。例如大阴(今山西霍县)布铭有"大阴"、"大阴半";兹(今山西汾阳)布铭有"兹"、"兹氏半"、"兹釿";虑(音 sī)釿(今山西五台北)布铭有"虑虒"、"虑虒半";蔺布铭有"蔺"、"蔺半";晋阳布铭有"晋阳"、"晋阳半"等。上面的半字显然指的是半釿。而所以省去"釿"字,可能是由于"釿"的货币单位习用已久,币面不铸也就知道布币的币值。

赵国还铸行刀币。这是由于受燕、齐的影响,便于地区间的商业交往。其特征是前端比较平或呈圆形,刀身平直薄小而有弹力,又叫做圆首刀、平首刀或直刀。货币单位是"化"。形制为直刀的一种,较小,一般重10克左右。刀币铭文铸有地名,例如"甘丹"、"白人"(柏人,今河北临城县东南)、"蔺"等。"甘

"丹"直刀，大小长短不同，最大的长14厘米，宽1.6厘米；最小的长12.3厘米，宽1.1厘米。"白人"直刀与"甘丹"直刀相同，但背文记有数字一、五、十、廿一、廿三等，或铭有单字。"蔺"直刀刀体略呈弧形，长11.6厘米，宽1厘米。以后又铸晋阳小刀，币名有"晋阳化"，"晋化"及"晋阳新化"3种，刀体平直薄小，重6.9克，一般长10.3厘米，宽1.2厘米，铸造粗劣。

赵国的圜钱，数量较小，形制是圆孔有廓，主要有"蔺"、"离石"2种。赵国的刀币和圜钱起着辅币的作用。

(3) 韩国。在战国的各国中，韩国的金属铸币变化最小，也最简单。布币是韩国的唯一货币，形式为方肩方足方跨。1956年在山西芮（音ruì）城，1961年在祁县下王庄、1963年在山西阳高天桥等地都有大量布币出土。布币铭文大多为地名，例如平阳（韩阳国都，今山西临汾西南）、高都（今洛阳西南）、鄎（音zèng）（今河南葵丘西）、阳城（今河南登封东南）、屯留（今山西屯留东南）、许（今河南许昌东）、尹氏（今河南宜阳西北）、洮（今山西闻喜东北）等。

韩国布币的计量单位与赵、魏相同，以"釿"为单位，除了上述铭有地名的布币之外，也发现铭有"殽（音xiáo）一釿"（殽在河南渑〈音miǎn〉池西）、"泉二釿"、"泉一釿"、"泉半釿"（泉即颍，河南临颍县西北）。"郇（音xún）氏半釿"（郇氏在河南巩县南）等。从"泉"币来看，是实行3个等级制。

值得注意的是，韩国铭文有"卢氏"、"卢氏涅金"的布币，还保留了春秋时期晋国空首布的形式，不过相对较少而已。

（4）齐国。春秋时期，齐刀体形较大。进入战国时期，齐刀中除了即墨刀、安阳刀继续使用外，约在齐威王、宣王时期，齐国就普遍铸造"齐法化"3字铭文刀，在境内统一流通使用。因此在考古中，"齐法化"刀出土占90%左右。例如，1966年，山东济南历城县出土刀币91枚，其中"齐法化"87枚。1972年，山东海阳出土的1800多枚刀币中，完整的1587枚，而"齐法化"1469枚。此外在福山、莱阳、日照、即墨、平度、广饶、青岛、诸城、沂南、昌邑、莒县、平原等约三四十处，均有出土，几乎遍及山东各地。临淄还发现了刀币钱范。说明这种货币铸造最多，使用最久，反映了地方诸侯铸币权的进一步加强和货币制度的进步。

战国时期，在齐国境内还有另一种"明刀"出土。面铭为"☽"字（有人释为"明"，也有人释为"匽"），背文有"齐化"、"齐化共金"等字，形制轻薄。"明刀"是燕国的主要货币，因此人们把齐国出土的称为"齐明刀"。"齐明刀"可能是受燕国明刀的影响而铸造的；也可能是公元前284年燕国乐毅伐齐，占领齐国70余城时，在齐国铸造的一种非常货币。

齐国还铸行了圜钱。圆形方孔有廓。圜钱分为"賹（音 ài）六化"、"賹四化"、"賹化"各种等级。例如，1960年，济南五里牌坊除出土59枚齐刀外，另有圜钱601枚，其中"賹六化"305枚，"賹四化"292枚，"賹化"2枚（另2枚残缺）。1970年，济南历城除出土5枚齐刀外，还出土圜钱82枚，其中"賹六化"42枚，"賹四化"40枚。此外，在齐国临淄还发现了"賹六化"圜钱的石范。这里的"賹"字，据有人考证是指山东寿光县西南的益城，但也有人认为"賹"是指货币重量名称，即相当于43~50克，賹化圜钱一枚，其名目价值法定为"齐法化"一枚。不过，从齐国刀币与圜钱的实际重量来看，"齐法化"重约47克，而"賹六化"重约8.8克，"賹四化"重约5.8克，"賹化"重约1.4克。实际重量相差比较悬殊，可能是齐国后期实行大小额并行的货币制度。

（5）燕国。燕国也是刀币的使用区，但在形制、文字、重量上与齐国有所区别。最主要的是在币面上没有众多的文字，只有一个"☽"字的符号，所以叫"明刀"。背文大多铭有"左"或"右"，例如"左一"、"右一"，甚至可以到"左二十"、"右二十"。这些数字，可能代表铸造场所。对于"☽"字，有"明"、"莒"、"盟"、"泉"、"召"、"易"、"晏"诸种解释。"晏"即"匽"，是"燕"字初文的讹变。

明刀在现今的河北、辽宁、吉林、河南、山西都有出土，流通最广，有的数量以千计。例如，1962年，在北京朝阳门出土2767枚；1963年，在河北石家庄出土1000多枚，约15公斤；1963年，在山西原平县出土1730枚。明刀的形制有两种，一为圆折刀，刀身圆折，弧背凹刃，一为磬（音qìng）折刀，直背直刃，刀身方折，像古磬状。

燕国的布币主要出土于山西山阴县城南、辽宁朝阳、吉林奈曼旗到集安。这是一条由赵国通往辽东的交通要道，可能是与赵国布币地区有经济交流关系的一种地方铸币。布币铭文有"坪阴"，"陶阳"、"缫（音 xiāng）平"、"益昌"、"安阳"、"右匽新治"等。1957年，在北京朝阳门出土4枚燕国布币。平首、小耸肩、方足、跨部为正梯形，两腰外廓内收，略呈弧形。钱币正面自首到跨有一竖线，左铸"匚"字，右铸"癡"（痴）字，背面文字有"左"、"右"、"左一"、"右一"等字，与明刀背文相同。

燕国的圜钱有"明化"和"一化"2种，方孔圆形。"明化"无廓，背平素，一般径3.5厘米左右，重为2.5～2.7克。"一化"有廓，背平素，一般径1.8～1.95厘米，重为1.1～2.65克，主要在辽宁、吉林、朝鲜北部出土。这些圜钱可能是燕王喜迁都辽东郡时所铸。

（6）楚国。从春秋到战国时期，楚国一直保持着它特有的货币体系，这就是蚁鼻钱。战国时随着疆域的扩大，蚁鼻钱的流通范围也随之扩大，东至江苏昆山、射阳和山东的日照，西至陕西咸阳，南到湖南长沙，北至山东曲阜、河南舞阳。1963年，在咸阳市东长陵车站附近出土"咒"字贝64枚，"枲"字贝51枚，"君"（君）字贝1枚。其中最长2.1厘米，最短1厘米，宽为0.8～1.2厘米，重为0.6～3.6克。1963年，在湖北孝感野猪湖出土"咒"字贝4745枚。1972

年，在山东曲阜出土"咒"字贝 15978 枚。蚁鼻钱早期文字种类较多，中期主要是"糸"、"咒"两种并行，晚期统一于"咒"字贝，历时最长，出土也最多。

楚国还实行一种地方性的布币，即"旆（peì，音沛）钱当釿"。它是一种长条形燕尾状的铸币，耸肩方足方跨，布首有圆孔。"旆"是大旗的意思。"旆钱当釿"是"大钱当一釿"之意。背文有"十货"，意即相当于 10 个蚁鼻钱。旆布在江苏、安徽、山东、浙江、陕西等地均有发现。其中以江苏丹阳出土最多，有 35 枚，一般重 33.5 克。以"釿"为计量单位，可能与三晋布币可以通用。此外，还有一种"四布当釿"的布币，即 4 个重量相当于"旆钱当釿"，说明楚国布币实行二级制。

楚国的"爰金"是一种黄金货币。黄金作为货币，早在春秋战国以前，已经与龟贝、珠玉、布帛同样流通。古代用黄金作货币是一种称量货币的形式。其计量单位一为斤，合 16 两；一为镒，合 20 两。楚国的爰金是迄今已有实物作证的最早的金铸币。其形状大致有两种：一是饼状，又称金饼、圜金。如 1982 年，江苏盱眙南窑庄出土 25 块金饼，共重 7663.4 克，其中 10 块作圆饼状，四周上翘，中心微凹，重 240.5～288.6 克；另一种是版状，版有 3 式：即平面呈长方形、平面呈长方微弧、平面呈龟板状凹弧边四角形而边角上翘。版的正面打上若干方印或圆印，印内有地名文字，如郢（音 yǐng）、陈、鄢、卢等。卢爰金版的戮（音 lù）印为圆形，其他均为方形。郢是楚国的国都，因此郢爰出土的数量最多。1979年，安徽寿县出土的两块郢爰都是22印。1982年，江苏盱眙出土的11大块郢爰中，有一块呈长方形，重610克，正面篆书郢爰阴文印记54个，加上半印的6个，共有60印小方块之多，这是目前发现的最大的郢爰。"爰金"含金一般在90%以上，有的竟达99%，它大多用于大宗交易或诸侯礼聘赏赐等方面。

（7）秦国。秦国的圜钱，较早铸行的是圆形圆孔钱，以后为圆形方孔钱。圆孔钱铭有"珠重一两十二"、"珠重一两十三"、"珠重一两十四"3种，背平素文。此为秦"一两"钱型。珠即铢，秦国的一两重二十四铢。"十二"、"十三"、"十四"可能是指年代。秦孝公十二年（公元前350年）都城从雍（今陕西凤翔西南）迁到咸阳。这是为了摆脱旧贵族保守势力，又有利于争取中原，图谋东进。"十二"即指这一年。"十三"是其延续，可能本来以迁都为开始，把每年铸币的时间铭铸在圜钱上，以示区别。"十四"即秦孝公十四年，是秦国实行"初为赋"的年代，就是农民除了交纳实物租以外，还要用货币来交纳口赋。这一年当然也要铸钱。圆形方孔钱铭文有"半两"、"两甾（音zāi）"2种。"半两"径3.5厘米左右，方孔1.1～1.6厘米，重7～8克，背平素文。"两甾"径3厘米，方孔宽0.7厘米，重7.9克，有有廓和无廓之别。"两甾"即半两或十二铢。上述两种秦"半两"钱可能铸于秦惠文王二年（公元前336年），因为这一年颁布了"初行钱"的法令。"初行钱"不是说秦国以前没有铸币，而是说这时惠文王刚上台，开始铸另一种货币。惠文王与商鞅有仇，于是在商鞅死后又另行铸造了与商鞅时的"一两"钱有别的"半两"钱。这种钱一直沿用到秦始皇时期。

总之，战国时期确立了四大货币体系，也大体上形成了四个货币区，即以韩、赵、魏三晋为主的布币区；以齐、燕为主的刀币区；以楚国为主的蚁鼻钱和爰金区；以秦国为主的圜钱区。这是由于当时周室王权衰落，各地诸侯割据称雄，政治上的分裂导致了经济区的分割，反映在货币上就出现了不同特点和不同使用区域范围的铜铸币。

3 各国货币的融合趋势

战国时期，各国在相当长的时期内保持了自己货币的相对独立性和稳定性。但是，随着商品交换的频繁和军事形势的变化，出现了一种令人奇怪的现象，即在本国货币区内往往出现别国或邻国货币。例如，在魏国布币区出现了圜钱；在赵国布币区出现了刀币和圜钱；在齐国刀币区出现了圜钱；在燕国刀币区也出现了布币和圜钱；在楚国蚁鼻钱区出现了布币，等等。这些异国货币形式的出现，对战国货币的流通来说，具有重要的意义。它反映了各国货币开始走向统一的进步趋势。

以燕国和赵国为例。这两国之间，随着贸易往来和经济交流的频繁，在货币形式上开始互相渗透。燕国是使用"明刀"的地区，但同时又铸行布币。从布币上的地名和出土地点来看，"安阳"（今河北完县西北）、"右匽新治"（今河北新城、易县一带）、"益昌"（今河北永清县南），这些地点都与赵国相近，显然是受到赵国布币的影响。但燕国布币又有其自身的特点。赵国是布币流通区，但也出现了刀币，显然又是受到燕国刀币的影响。赵国刀币上有"甘丹"、"白人"等地名，这又打上了自己的烙印。又以魏国与燕国为例，魏国迁都大梁后铸造的"梁充釿金当孚"、"梁正尚金当孚"等布币。孚为楚国的货币单位，这显然是魏国为了适应楚国爰金地区进行商品贸易的需要而铸行的。而楚国铸造长条燕尾形的布币，即"旆钱当圻"、"四布当圻"，同样是受到三晋布币的影响。

尤其引人注目的是，偏隅西方的秦国，以其独特的圜钱形式，几乎在东方各国都有出现。秦国的圜钱前期是圆形圆孔，后来才变为圆形方孔。东方各国的圜钱形制的不同与秦国圜钱的前后变化有着密切的关系。魏国和赵国与秦邻近，影响所及当然最早，因而赵、魏的圜钱是圆形圆孔的。燕和齐国离秦较远，影响所及当然较晚，因而圜钱是圆形方孔的。秦圜钱无廓在先，有廓在后，以此标准来分析，那么魏国的无廓圜钱在先，赵国有廓的圜钱在后；燕国的"明化"无廓方孔圜钱在先，燕国的"一化"与齐国的方孔有廓圜钱在后。根据以上魏、赵、燕、齐四国铸行圜钱的先后次序，可以看出秦国圜钱东进的路线正是与秦国的军事力量东进相一致的。

总之，战国时期由于社会商品经济的发展，各国不同形式的货币出现了互相影响、互相渗透、互相融合的趋势。而由于秦国军事势力的强大，由于圜钱的形式最便于计数、携带，所以圜钱成为秦统一六国后的统一货币形式。

三　半两钱和五铢钱

1　秦统一后半两钱成为法定货币

秦是一个短暂的王朝（公元前221～前206年），但影响却很大。它所建立的一套中央集权的制度，基本上被后来的封建统治者所继承。随着统一的专制主义中央集权的强大帝国的建立，过去货币不统一的混乱状态也得到了改变。

春秋战国时期，诸侯林立，各自为政，货币种类因此相当繁杂，形状、大小、轻重各不相同，计算单位也不一致，特别是价值不等，换算困难。这种混乱的货币制度，是诸侯割据的必然结果，给商品交换和人民经济生活带来了极大的不便，严重地妨碍了国家政治和经济的发展。秦始皇统一六国以后，废除了六国的货币，并用法律的形式规定了货币的形状、重量、大小和钱文，从此货币有了法定的统一规格，开创了中国货币史的新纪元。

秦始皇规定，以黄金为上币，铜铸的"半两"钱为下币。上币黄金用于上层统治者之间的聘礼、贡献、赏赐或大宗贸易，以一镒二十两为计算单位。下币铜钱"半两"用于民间的小额交易。方孔有廓，钱面不铸地名，只铸币值，重12铢，货币的名义重量与实际重量相等，使用方便，有利于交换。从此，圆形方孔的"半两"钱取代了春秋战国以来形式各异的货币，成为国家的法定货币，并一直沿袭下来，显示了强大的生命力。这种圆形方孔钱由3部分组成，即所谓"肉好皆有周廓"（《国语·周语》）。"好"是指居中的孔；"廓"指钱的边缘，有有廓、无廓之分；"肉"指孔与廓之间的实体。"半两"钱外圆内方的形态，体现了中国古代天圆地方的宇宙观，象征着君临万方，皇权至上的思想。把钱币与天地宇宙连在一起，证明人们已把钱币放到了极为重要的地位。这种圆形方孔钱在中国货币史上发展得最为充分，从秦始皇到清朝末年，大约流通了2100多年，成为世界上东方货币的典型代表。同时秦始皇在规定上下两等货币的同时，对于以前六国的杂乱货币，一律禁用，宣布珠、玉、贝、龟、银、锡，不再作为货币，只作器饰宝藏，从而保证了秦"半两"钱的正常通行。

秦始皇统一货币，是中国货币发展史上的一个里程碑。它统一了钱币的形制，明确了中央政府的货币铸造权和发行权，对于加强全国各地的经济联系，促进商品交换的发展，都具有非常重要的意义。陕西咸阳及关中其他地方出土了很多半两钱，其轻重、厚薄大略相等，证明了统一货币的法令已付诸实施。

但是，由于秦王朝的残暴统治和对人民的无限制搜刮，激化了社会矛盾，特别是公元前210年秦始皇病死沙丘（今河北平乡县东北），继位的秦二世昏庸，秦王朝很快走向灭亡，在货币上，也加速了秦"半两"的崩坏。

秦始皇的统一货币是在商鞅变法和秦惠文王"初行钱"的基础上进行的。在半两钱铸行的155年中，已存在不少问题。秦简《封诊式》中已记载有私铸货币者被送交官府治罪的案例。《金布律》中还规定，商贾和官府不得在市场挑选铜钱的优劣美恶，否则要受到法律的惩罚。从秦简《封诊式》、《金布律》中，可以看到因民间私铸造成钱币大小不同、优劣各异的状况。同时，在秦始皇亲政前，权臣吕不韦可以铸"文信"钱，秦始皇之弟长安君铸有"长安"钱，这说明国家统一的铸币权被分割。这些问题对秦始皇统一货币不能不产生严重影响，也决定了秦统一货币的措施难以持久。秦始皇一死，二世胡亥"复行钱"，即重新铸造货币，说明这时的货币已遇到了严重的问题。不久秦王朝灭亡，秦半两钱制也遭崩坏。

2 汉初铸币的变化

秦王朝被农民起义军推翻后，经过楚汉相争，最后刘邦统一天下，建立起强大的西汉王朝（公元前206～公元25年）。

西汉王朝存在220多年，是中国历史上一个强盛的统一王朝。西汉社会经济获得较大的发展，农业上牛耕、铁制农具进一步推广，水利事业比较发达。手工业方面冶铁、煮盐、丝织、漆器等行业都有新的进步。所有这些，都促进了商业繁荣与货币经济的发展。

西汉的货币制度基本上继承秦制，仍以黄金为上币，铜钱为下币。黄金主要用于赏赐、赠送，但把秦的以镒为计算单位改为以斤为计算单位，一斤为十六两。铜钱是民间流通的主要货币，仍沿用秦朝的半两钱。黄金一斤值铜钱一万枚。

西汉初年，连年战乱，生产力遭到严重破坏，人口大量死亡，物价高涨。汉朝统治者认为国穷民贫的原因是钱少，就推行铸币减重的政策，以增加钱的数量。汉初借口秦半两钱过重，不便使用，便"更令民铸荚钱"。所谓荚（音 jiá）钱，是一种轻小而薄的圜钱，犹如榆荚（即榆树的果实），此钱名义上重量为半两（即12铢），而实际重量却只有三铢。西汉王朝把轻如榆荚的三铢钱当做十二铢的半两钱来使用，无形中增加了3倍的财富，以此来弥补财政的匮乏。由于钱币严重贬值，米一石值一万钱，马一匹值一百金。

汉高祖刘邦在铸行荚钱时，还允许民间私铸。一方面是因为民间私铸早已实际存在，另一方面也由于国家财政匮乏，侯国林立，由国家统一铸币有很大困难。而汉初口赋（未成年人人头税）、算赋（人头税）、献赋（郡国诸侯王向中央交纳的钱）、代役金等都用货币，因此对货币的需要量也很大。但民间所铸荚钱越来越小，有的只有一铢左右。

汉初50多年中，虽然基本上实行民间放铸政策，但也曾一度禁止私铸。惠帝三年（公元前192年）就曾禁止私铸。高后二年（公元前186年），为了阻止货币的贬值，西汉王朝垄断国家铸币权，铸造了八铢钱，其文仍为半两，比秦半两减重1/3。但是，由于荚钱与八铢钱的轻重不等，其结果是政府所发行的八铢钱仍被私铸者熔化，改铸成三铢的荚钱。所以，到高后六年（公元前182年），不得不再次减重，行5分钱，实重2.4铢，为秦半两钱的1/5，实际上恢复了荚钱的使用。当时，私铸私销货币的主要是商人，特别是富商大贾，因此反映在货币私铸上的斗争主要是西汉王朝与商人之间的矛盾斗争。八铢钱被劣质的荚钱所驱除，正表明西汉王朝在与商人争夺货币铸造权的斗争中遭到了挫折。到文帝时，形成了"荚钱益多轻"的局面。文帝前元五年（公元前175年），西汉王朝又采取了改币的措施。文帝注意发展生产，紧缩通货，为了改变五分钱轻小，"更铸四铢钱"，钱文仍为"半两"。同时它承认了私人铸币的合法性，除盗铸令，"使民放铸"。这一措施收到了较大的效果，商人只要按照政府的规定，不掺杂铅铁，可以自由铸造四铢钱，不受法令所禁；但是违反政府规定，杂以铅铁则要处以刑法。因此他们再也不愿担风险去盗铸荚钱了；何况四铢钱与荚钱仅是一铢之差，铸造四铢钱仍可获得厚利。为了保证四铢钱的法定重量，西汉王朝还制定了稽核民间所铸货币是否符合法定重量的"法马钱"和"称钱衡"（即称钱天平）。湖北江陵凤凰山出土的汉文帝前元十五年（公元前165年）的衡杆上写有"正为市阳户人婴家称钱衡,以钱为累,刻曰'四朱'、'两'、癈'第十'。敢择轻重,衡及弗用,劾论罚,徭里家十日。《□黄律》"该文的意思是,市阳里正所制发给本里商民的称钱天平,使用时要以权钱为砝码。这种砝码要刻着标明重量"四朱"或若干"两",以及刻有起凭证作用的数字标志"第十"。按照《□黄律》的规定,凡敢剔轻择重,不以称钱天平称重计量收付钱币者,要予以严加论处,罚于本里正处强制劳役10天。通过这些法律规定,文帝在没有办法控制货币铸造权的时候,实行对四铢钱的"放铸",基本上制止了劣质荚钱的盗铸和泛滥。据有人测算,四铢钱的含铜量最低65%左右,最高94%左右,质量超过了高后的八铢钱,更大大超过了民间私销盗铸的劣质伪币和荚钱。从此,四铢钱自汉文帝时候起到汉武帝即位时的建元元年(公元前140年)改铸三铢钱时为止,流通35年之久,成为汉朝前期的一种比较稳定的货币。

西汉前期允许民间私铸货币,对汉初的政治、经济等方面,产生了较大的影响。

(1)货币的私铸造成了币制的混乱,通货贬值,物价上涨。货币的减重是西汉统治者剥削广大劳动人民的一种手段。汉高祖废秦半两钱,实行薄小的荚钱,造成了高惠时期货币的贬值,给人民带来了很大的灾难。同时,汉初的货币多次改制,给商人进行私销、倒销、改铸创造了有利条件,造成市场上货币的轻重不等、规格不一,致使"市肆异用,钱文大乱"。文帝实行四铢钱后,情况虽然有了改善,但还不能完全排斥杂掺铅铁的伪钱。

（2）货币的私铸严重地破坏了小农经济。贾谊曾经指出，农民放弃农事去采铜铸钱的人日益增多，以至于奸钱一天比一天多起来，而五谷粮食则一天比一天少下去。农民弃农从事铸钱，成为"末技游食之民"，破坏了农业生产，社会就动荡不安。为此，汉初统治者不得不用减轻赋税（如文帝时的三十而税一，有时全部免除）来招引游民归农。

（3）货币私铸造成郡国诸侯王的强大，成为威胁西汉中央王朝的地方割据势力。由于货币可以自由私铸，郡国诸侯王和各地豪强富商趁机大发横财。大夫邓通因铸钱而"富甲天下"，超过王侯。吴王刘濞招亡命之徒采铜铸钱，"富埒（音 liè，意等同）天子"。他在起兵时告诸侯的书信中说："寡人的金钱天下到处都有，诸侯王们日日夜夜使用还用不完。有想要接受赏赐者，只要告诉寡人，寡人就派人去送给他。"可见，郡国诸侯王操持货币，势力逐渐强大，后来终于爆发了吴楚七国之乱。

由此可见，西汉前期的货币改制反映了西汉王朝与商人之间的矛盾斗争，同时还反映了西汉中央政权与诸侯割据势力之间的矛盾斗争。在这些斗争中，西汉王朝虽然暂时保持了四铢钱的稳定，但货币铸造权的一部分仍不得不被一些商人和郡国诸侯割据势力所控制。

吴楚七国之乱平定以后，各郡国诸侯王的势力遭到削弱，于是在景帝中元六年（公元前144年）颁布了法令，禁止民间私铸货币。从这时起，到元鼎四年（公元前113年）下诏禁止郡国铸钱的31年中，是禁止民间私铸，实行郡国铸币的时期。郡国铸币表明了西汉王朝在全国各地初步控制了部分货币铸造权。但是，由于货币的名义重量与实际重量不一致和货币盗铸私销现象的长期存在，还不能完全摆脱货币的混乱。

3 汉武帝建立五铢钱制度

文帝时铸行的四铢钱，经过30余年，到景帝末年又遭到了很大的破坏，伪钱日益增多，景帝中元六年禁止民间私铸货币的法令，正是这种情况的反映。为了进一步消除私铸伪钱，汉武帝即位以后，实施了一系列的货币改制。建元元年（前140年）废除了四铢钱，改行三铢钱，重如其文。但私铸更多，造成钱轻物贵。建元五年（前136年），又废三铢钱，改铸有廓的四铢钱。面文半两，实重四铢，又叫"三分钱"，同时造皮币和白金币。皮币是用一种珍贵的白鹿皮作币材，一尺见方，四周绣有彩边，值40万，用于王室朝觐聘享。这种大额虚价的皮币，是我国古代纸币的先驱。白金币是银锡合金，分为圆形龙币、方形马币、椭圆形龟币，分别值三千、五百、三百，是我国历史上由中央王朝铸造的最早的银铸币。但是，货币品类的众多和复杂，阻碍了商品的正常交换，所以到元狩五年（公元前118年），武帝又下令郡国铸五铢钱，重如其文，正面无内廓，背面均有内外廓，有的平背，不整齐。起初此钱轻重适中，使用方便，后郡国竞相盗铸。钱多而薄小，因此而犯罪者不计其数。元鼎二年（公元前115年），西汉王朝为了避免伪钱泛滥影响国家的赋税收入，实行赤仄（音 zè）钱，规定税赋给官，一律以赤仄钱支付。但不久，赤仄钱价贱，民间投机取巧者多，流通不便，又废除了。

西汉王朝的屡次改币，始终不能达到禁止私铸伪钱的效果，特别是武帝即位以来的几次改币，商人们利用币制改革之机囤积取利，严重影响了西汉王朝的财政收入，使货币铸造权控制与反控制的斗争达到了十分尖锐的程度。在"外事四夷，内兴功利"的情况下，西汉王朝又急需设法开辟财源以应付其大量财政开支，于是控制货币铸造权便成为西汉王朝的当务之急。

元鼎四年（公元前113年）汉武帝下令废除了景帝以来的郡国铸币制度，把铸币大权收归中央。汉武帝采取了文帝时贾谊所建议的"上收铜，勿令布"的办法，不仅把铸币的铜材由中央统一管制起来，而且设立了专门的铸币机构，即由水衡都尉的属官钟官、辨铜、均输（也有人认为是"技巧"）三官负责铸造五铢钱。钟官是主管铸钱的官；辨铜是主管分别铜种类的官；均输是把全国各地的铜材和异钱运往京师，以便统一销毁的官。西汉王朝设置铸币机构和对民间铜材的控制，使货币的伪铸失去了原材料，从而制止了私铸伪钱的泛滥。

在西汉前期的历次改币中，货币的名义重量与实际重量是不一致的，如高祖的荚钱、高后的八铢钱，文景时的四铢钱以及武帝的四铢钱，其文皆为"半两"，而实际重量都是不足的，由此成为商人盗铸伪钱、发财牟利的有利条件。元鼎四年的五铢钱（也称"上林钱"或"三官钱"）则重如其文，即货币的名义重量与实际重量是一致的，这就减少了货币的倒铸倒销和改铸伪盗的取巧活动。另外，五铢钱提高了铸币技术，使工序复杂化。武帝元狩五年（公元前117年），正式规定实行"周廓其质"的五铢钱。元鼎二年（公元前115年）行赤仄钱，以赤铜为廓。五铢钱采用铜质母范（浇铸金属的模具）的方法，比过去用泥范的工艺技术大为进步，使铸出的钱币大小和式样一致，铜色浑厚匀称。总之，由于铸币技术的不断提高和工序的复杂，使盗铸者不能轻易伪造；即使伪造了，也因为铸币技术的复杂，往往得不偿失，因此货币的私铸日益减少。

汉武帝这次改革币制是比较全面的，它不单纯从货币铸造的技术方面着手，而是采取了相应的其他措施加以配合。

（1）汉武帝在实行三官钱的同时，采取"告缗"的办法打击商人势力。早在元狩四年（公元前118年），武帝下令"初算缗钱"，向商人征收营业税。次年，又具体规定，商人每2000钱抽取算赋120钱，占6%。据《汉书·贡禹传》记载，商人的利润率大致在20%左右。这样，实际上算赋占了商贾赢利的1/3，可见征收的税是相当重的。商人为了逃避这种繁重的捐税,都隐匿财产。元鼎三年(公元前114年)十一月,朝廷奖励告发,百姓告发成功的可以获得没收财产的一半。到元鼎四年,也就是在实行三官钱的同时,在杨可主管告缗事务时,告缗之风,遍及全国。中等以上的商家大都遇到告发,由此国家得到的财物上亿数,奴婢达千万数,田地大县数百顷,小县百余顷,住宅无数。结果使中等以上的商贾大都破产。西汉王朝以政权的强制力量来吞没商人的财产,使商人遭到重大的打击,经济实力大为削弱,这为三官钱的施行提供了有利条件。

(2)汉武帝在经济上打击商人的同时,又在政治上以卖官鬻爵的办法来笼络商人。卖官鬻爵的措施早在文帝时就被贾谊、晁错等人提出过。武帝元朔年间(公元前128~前123年)也曾下令"民得买爵及赎禁锢免臧罪"。但是,当时卖爵主要是用来赎罪或减免死刑的。到元鼎四年,下令"入财者得补郎",商人只要给付钱财就可以补郎(中郎、侍郎等,职责守卫宫殿和皇帝侍从,官有缺额,可从中选用)为官,结果使大批商人混入了政府的官僚机构。再加上武帝在实行盐铁专卖时,任用了大批商人来做盐铁官,造成了"吏益多贾人矣"的局面。汉武帝实行这些软硬兼施的办法,在一定程度上确保了三官钱的顺利施行。

西汉五铢钱的产生,是劳动人民在长期经济活动中摸索的结果。秦半两较厚重,不方便,汉初荚钱又太轻小,只有五铢钱大小轻重适度,适应社会商品流通的需要。因此,它对武帝时期经济的恢复和财政状况的好转起了重要的作用,并能取得几十年的稳定局面。在武帝以后的昭、宣、元、成、哀、平诸帝时代,都继承了五铢钱制。由于统一铸造货币,驱除了民间的私铸货币,西汉王朝颁行的五铢钱也保证了一定的质量,铸币的规模便相当庞大。据元帝时的贡禹说:"铸钱采铜,一岁十万人不耕"。可想而知,政府铸钱的数量是非常惊人的。据《汉书·食货志》载,从元狩五年(公元前118年)到平帝元始(公元1~6年)的120余年中,共铸造了五铢钱280亿。五铢钱自武帝中叶起到隋代的700多年间,差不多成为历代王朝统一使用的标准货币。

4. 王莽的币制改革

西汉王朝在货币改制的过程中,一定程度上打击了商人势力,集中统一地控制了铸币权,使中央集权得到了巩固和加强。但是,西汉的货币改制也带来了一些消极因素,因此,它又刻上了时代的烙印。

一是武帝抑商导致土地兼并。汉初,商人的活动范围是非常广泛的,如囤积居奇、贱买贵卖,运输货物、放高利贷、开矿铸钱、煮盐,等等。汉武帝抑商实行盐铁专买和平准(平衡物价)、均输(调剂运输),尤其是"告缗"令的颁布与货币铸造权的控制,使商人的活动受到限制,商人集团不得不把大量货币投到土地中去。因此,武帝以后,商人占买田地成为社会的普遍现象。武帝元狩四年(公元前119年)曾下令：有市籍的商人和家属都不得占田。在汉初虽有各种抑商的诏令，如禁止商人穿丝织品衣服乘车、禁止商人做官、对商人征收重税等，但没有明令禁止商人占田。武帝这个命令，正是商人在西汉王朝抑制下转向土地掠夺的一个反映。武帝以后，土地兼并已日益激烈。史载，成帝时丞相张禹在渭水、泾水边买沃田400顷，每亩值一金（一万钱）。另一丞相翟方进以势欺压贫民，强占民田未遂，竟将汝南郡的鸿𬸦坡废去，使田地干枯，禾苗不长。成、哀时期，长安附近的富商大贾，如杜陵樊嘉、茂陵挚纲、平陵如氏和苴（音 jū）氏，都以其雄厚的经济力量吞并农民的土地。成帝时，由于土地兼并严重，丞相孔光、大司空何武奏请王公列侯占田不得超过30顷，但这个建议没有得到采纳。土地兼并已成为当时严重的社会危机。

二是商人集团把资本投向买官买爵。元狩四年（公元前119年），政府征发兵役，由于不少人买到官爵，可享受免征特权，以致"征发之士益鲜"。元帝永光三年（公元前41年），由于不少人有免役特权，以致无法供给内外徭役。可见当时买官买爵者之多。与此同时，在盐铁专卖和平准、均输等机构中，西汉王朝不得不任用大批商人来充当官吏，如桑弘羊、东郭咸阳、孔僅等人都是商人出身的官吏。这样，商人集团便借此登上政治舞台。汉初，曾规定商人不得做官，至此已成为一纸空文。大批商人涌入官僚集团，使他们可以依仗权势，加紧压榨平民百姓。另外，大批近臣贵戚和各级官吏，或与商人相勾结，鱼肉百姓，或自己也从事商业投机活动。这样，商人、官僚、地主三种兼并势力合为一体，加紧了对农民进行敲骨吸髓的残酷剥削，使社会矛盾日益尖锐。

三是货币铸造权的统一和货币铸造的增加，刺激了统治者消费欲望的无限扩张。统治者任意挥霍，过着豪华奢侈的生活。如成帝雇用大批人工修筑昌陵，又大量营造"霄游宫"、"飞行殿"、"云雷宫"供自己享乐。随着统治者消费欲望的无限增大，一方面加紧对人民横征暴敛的剥削，另一方面也为商人创造了投机活动的有利条件。因此，到西汉后期，商人势力又重新抬头。《汉书·贡禹传》说："富人积钱满室，犹不满足，民心动摇。商贾求利，东西南北各用智巧，好衣美食，岁有2/10的利润，而不出租税……故民弃农经商，耕者达不到一半。贫民虽赐之田，犹贱卖以贾。"社会危机日益深重。

元帝时，有人企图通过货币改制来解决当时的社会危机，这就是贡禹提出的废除货币的主张。他认为租税、俸、禄、赏赐都用布帛及谷物，可使百姓从事农业。他说"奸邪不可禁，其源皆起于钱也"，只要废除货币，商人就无机可乘，严重的社会危机也就得到了解决。由于货币是商品生产和商品交换发展的必然产物，也是统治者征集赋税的工具，不是统治者一道命令所能随便废除的。贡禹废除货币的复古主义主张是必然行不通的。到哀帝时，土地兼并更趋剧烈，大批农民失去了土地。商人高利贷者乘机大肆活动，社会矛盾进一步激化。于是又有人提出了改币的主张。

"会有上书言古者以龟贝为货，今以钱易之，民以故贫，宜可改币"。他们认为，百姓贫困是因为用钱的缘故，钱少，所以贫困；富人钱多，所以富贵，只要改币用龟贝，那么富人的钱无形中作废，从而可解决百姓的贫困以及由此而引起的社会矛盾。这种复古的主张，与贡禹的废币建议如出一辙，因此也是行不通的。但是，两次废币主张的提出，说明当时社会问题严重。这正是王莽货币改制的社会根源。

从货币本身来说，汉武帝以后五铢钱的逐渐减重，是造成王莽改币的另一原因。有人根据河南洛阳西郊汉墓出土的 10436 枚五铢钱进行测重，武帝时的五铢钱平均重 3.35 克；昭帝时平均重 3.26 克；宣帝和平帝时平均重 2.07 克，实重逐渐减轻。1978 年在四川威远出土的五铢钱中，武帝时的五铢 13 枚，平均重约 3.1 克；宣帝时的 20 枚五铢平均重 2.7 克，前后相差 0.4 克之多。到了元帝、成帝、哀帝期间，出现了"剪轮五铢"，又称"磨廓五铢"，就是把武帝时铸有周廓的圆轮剪磨、消熔。剪磨程度不一，多者仅余 1/3，重 1.2 克，与武帝五铢 3.35 克相比，减重更为明显。1953 年，河南洛阳烧沟出土 1649 枚剪轮五铢，占五铢总数的 38%，可见剪轮五铢流行之广泛。同时又有西汉后期小五铢出土，直径约 1.2 厘米，重约 0.5 克，形制虽与五铢相同，但重量比剪轮五铢还轻。从以上五铢钱的逐渐减重，以及先后出现了剪轮五铢和小五铢的状况分析，说明了西汉中后期，五铢钱已显露出严重的问题，具体表现就是货币的私铸、盗铸日益严重。这是王莽进行货币改制的直接原因。

王莽是元帝皇后王政君的侄子,依靠外戚(皇后家族)势力和政治手腕,逐步掌握了西汉实权。公元8年,他见时机成熟,一脚踢开了刘氏政权的招牌,自立为皇帝,改国号为"新"。王莽取得政权以后,实行了一系列货币改制,企图以此缓和社会矛盾。他的改币共有四次。

第一次在居摄二年(公元7年),王莽下令造大泉、契刀、错刀,与原来的五铢钱共四品同时并行。当时规定大泉值五十,契刀值五百,错刀值五千。王莽滥发高额货币,虚增钱值,破坏了武帝以来五铢钱的名义重量与实际重量的一致,造成严重通货膨胀,结果"民多盗铸"。百姓在商品交换中趋向于使用重如其文、质量较好的五铢钱。

第二次是始建国元年(公元9年),王莽认为契刀、错刀中的刀与"劉"(刘)字所含"金刀"相合,担心刘汉集团势力东山再起,于是取消错刀、契刀、五铢钱,另发行小泉,重一铢,与以前的大泉,两品并行。大泉同前,重十二铢(即半两)值五十,实际上比秦半两贬值五十倍,小泉值一,重一铢,为秦半两的1/12。熔毁小钱改铸大钱,可获利多倍,由此私铸大盛。百姓对王莽发行的大小泉不愿使用,私下用五铢钱交换。王莽下令强行通用,结果使得"农商失业",生产、交换都受到破坏。货币问题反过来又促使社会矛盾的激化。到始建国元年底,王莽又派遣50名官吏,分别到郡国铸钱,破坏武帝以来由中央三官集中铸钱的制度，币制就更加混乱起来了。

第三次在始建国二年（公元10年），这时新莽政权与匈奴之间爆发了战争。人力物力的频繁调动，政府开支的日益庞大，过去那种大小泉并行的币制已不能适应形势的需要。于是，王莽实行了品差不等的"宝货"制。王莽以金、银、铜、龟、贝为币材，称为"宝货五物"。以金货、银货、龟货、贝货、泉货、布货为六个"品名"，每名之中又分若干品，共有二十八品。具体有：

金货一品：黄金。

银货二品：朱提银、它银。

龟宝四品：元龟、公龟、侯龟、子龟。

贝货五品：大贝、壮贝、幺（音yāo）贝、小贝、贝不满寸二分者。

泉货六品：大泉、壮泉、中泉、幼泉、幺泉、小泉。

布货十品：大布、次布、弟布、壮布、中布、差布、厚布、幼布、幺布、小布。

上述每种货币都规定了尺寸、重量、比价。这样复杂的币制肯定是行不通的，必然为正常贸易所不容。所以，不到一年，王莽被迫废除，仍旧单行大小泉二品。

第四次于天凤元年（公元14年），王莽又下令罢大小泉，另作货布和货泉二品并行。规定货泉重5铢，枚值一；货布重25铢，值货泉25枚，货布与货泉之间重量与币值的不一致，必然引起盗铸。结果许多人因此犯罪,或投入监狱,或没为官家奴婢,死者无数。

从以上所述来看,王莽在短短13年中,对币制变革了4次,每一次改币,百姓或破产,或陷狱,社会矛盾更趋尖锐。王莽企图以货币改制来挽救摇摇欲坠的统治,解决社会危机,结果适得其反,新莽政权终于在农民起义的巨浪冲击下垮台了。

王莽改币的失败,除了政治上和经济上的原因外,从货币本身来看,也有以下几点原因。

一是改革的任意性。如"宝货制"的五物六名二十八品,其中既有夏商西周的贝币和龟货,又有春秋战国时期的布币、圜钱,再加上金货、银货,几乎把古代各种形式的货币都集中起来了。不仅如此,王莽还要依照古代"子母相权"的理论,把各种货币分成若干品级。每个品级内部有一定的比值,而每一品级又要与其他种类货币的品级产生一定的比值,结果就十分复杂。"宝货"制共有28品,每一品就会与其他27品之间存在着比值,那么28品就能产生756种比值,这对于一般老百姓来说,记不胜记,就连统治者自己也不一定搞得清楚。如此庞杂繁琐的币制,既没有一个基本的价格标准和货币单位,也没有货币本位和主币、辅币之分,其任意性在中外货币史上都是少见的。

二是改革的愚昧性。主要表现在各种货币之间的比值极不合理。例如,王莽居摄二年(公元7年)铸的3种新币,其中错刀值五千,契刀值五百,大泉值五十。这3种新币与旧五铢钱同时并行,但大泉重12

铢，只有五铢钱的 2 倍半，而币值却是五铢钱的 50 倍。至于错刀、契刀与五铢钱的差距就更为悬殊了。又如小泉重 1 铢，每枚值 1，大布重 24 铢，每枚值 1000，货币的名义重量与实际重量也相差悬殊。这种极不合理的比值，其后果是私铸严重。再如货币计算单位也十分混乱。在 28 品货币中，金货与银货以重量计算，龟货与贝货以大小计算，而泉货与布货既计重量又计大小。如有盗铸，要鉴别真伪，有的要用秤，有的要用尺，有的两者都兼而有之。所有这些，都说明王莽改币的愚昧性。

三是改革的盲目性。王莽在辅政和执政的短短十多年中，货币改制进行了 4 次。前 3 次相隔时间只一、二年。有的改币刚开始，就遭到百姓的抵制，只得废止。而王莽不但没有吸取教训，反而变本加厉地一而再、再而三地进行。更为可笑的是第二次改币，竟以错刀、契刀与"卯金刀"合成的"劉"字有关，就随意地加以废止。王莽改币朝令夕改，百姓无所适从，充分说明这些改币的盲目性。

王莽改革币制的目的，从根本上说，是为了搜括天下钱财，支付庞大的军政开支，以解救新朝政府的财政困境；同时也是为了削弱刘汉统治集团势力，以实现复古改制的愿望。王莽托古改制，每有新举措，必定要依据古代经文。他根据《周礼》、《礼记》等经书，再加上其主观的想象和穿凿附会，杜撰了一种理想的方案。又凭借政治权力，任意规定货币的种类和面值。这种违背经济发展规律的倒行逆施，其结果是币制每改一次，百姓就遭洗劫一次，终于苛法自灭，引起了规模巨大的赤眉、绿林起义。而王莽政权也在人民起义的浪潮中遭到了覆灭。

5 东汉恢复五铢钱

王莽政权垮台以后，刘秀削平群雄，重新建立了汉朝政权，定都洛阳，史称东汉（公元25~220年）。东汉建国前后，由于社会动荡，货币制度亦陷于混乱之中。王莽颁行的一系列货币在市场上难以通行，老百姓只得杂用西汉旧五铢钱及王莽的货泉，有的地方甚至使用布帛谷粟进行交换。

在王莽政权之后，汉淮阳王刘玄于更始二年（公元24年）曾铸造过五铢钱，史称"更始五铢"。但更始政权不久覆灭，五铢钱的铸行即告中断。

建武六年（公元30年），割据巴蜀的公孙述废铜钱，置铁官另铸铁五铢钱。这是我国货币史上第一次由官方正式宣布用铁铸钱。

东汉建国前期，地方割据势力称雄一方，东汉政权忙于征战，无暇顾及货币的铸行。第五伦为京兆尹主簿（长安的高级官吏）时，长安地区"钱多奸巧"。朝廷乃任他为督铸钱掾。长安地区尚且如此，其他地方更可想而知。

建武十六年（公元40年），刘秀削平群雄，完成统一全国的大业，立即着手整顿币制。他下令废除王莽颁行的一切货币，恢复西汉以来的五铢钱制度。东汉五铢钱径2.5厘米，重3.4～3.5克，外廓较窄。在经过长期战乱后，重铸五铢钱完全符合恢复经济和发展生产的要求和广大人民的愿望，因此百姓都感到方便。从此，五铢钱又成为东汉全国统一铸行的货币了。

清代乾隆年间，在洛阳出土了一个范母（模子），铜质，长方形如盘，四角圆削，内列阳文五铢钱八，面背各四，背刻隶书二行，共27字："建武十七年三月丙申，大仆监掾苍，考工令通，丞或，令史凤，工周仪造。"西汉时，政府铸钱初属少府管理；武帝铸行"三官"钱时，归属水衡都尉管理；而此范所记归属太仆。从钱范的各级人名来看，东汉铸钱机构已具相当规模，各级组织均有专人负责，进行逐级管理。可见，东汉建武十六年下令恢复五铢钱后，在币制行政管理上有了新的设置。

东汉五铢钱到章帝元和（公元84～86年）年间，可能呈现出不稳定的状况。"是时谷贵，县官经用不足，朝廷忧之"。谷贵钱贱，物价上涨，说明五铢钱的货币量已超过社会的需要量，这是东汉政府滥铸钱币所造成的结果。

到了桓帝时，五铢钱更遭到了破坏。由于"货轻钱薄"，有人建议"改铸大钱"。大臣刘陶反对说，"此犹养鱼沸鼎之中"，结果作罢。灵帝时，又铸"四出文钱"，即钱的背面方孔四角，有四条斜线直达边轮外廓，又叫"角线"，形制与东汉五铢钱相同。此钱铸行后，民间流言四起。传说四道斜线好像是天子从四面下堂逃走，乃国家危亡的兆头。这些流言，反映了货币流通的恶化和社会的动荡不安。

汉献帝时,随着黄巾起义爆发和军阀混战,五铢钱制更难以维持。初平元年(公元190年),董卓毁五铢钱,改铸小钱。小钱不铸轮廓,无铭文,钱身轻小,百姓不便使用。董卓又销铸长安、洛阳的铜人、铜马,改铸成小钱,从而大肆掠取市场货物,"故货贱物贵,谷石数万"。董卓滥发小钱,引起通货膨胀。至此东汉的五铢钱制度终于遭到了严重破坏,货币制度再次陷入混乱之中。

四　货币的混乱和衰落

三国的货币

继东汉以后,出现了魏(220~265年)、蜀(221~263年)、吴(222~280年)三国鼎立局面。三国时期虽然发生了多次战争,但比起东汉末年军阀混战的局面来,社会经济还有所恢复和发展。在货币方面,由于地区分割,出现了混乱和衰落。

魏国占有北方广大地区,本来这里商品经济就比较发达,曹操在这个地区实行屯田,兴修水利,社会经济恢复得更好。所以,魏国的币制还比较稳定。

东汉末,董卓废五铢钱,改铸小钱,造成货币混乱。建安十三年(208年)曹操为相,停止使用董卓小钱,仍用五铢钱;当然谷帛也是重要的货币。黄初二年(221年)十月,魏文帝废五铢钱,实物谷帛随之成为主要货币。但谷帛也有弊端,取巧者用湿谷薄绢相混淆,因此司马芝等人建议重铸五铢钱。到魏明帝太和元年(227年)四月,才又恢复了五铢钱的流通。此钱一直沿用到西晋。

蜀国的钱比较复杂。建安十九年（214年）刘备攻到巴蜀后，财政困难，军用不足，就采纳了刘巴的建议，铸造了面额较大的钱币。钱文为"直百五铢"，径2.6～2.8厘米，重8～9.5克。有的背面模铸阳文"为"字，这是益州犍（音qián）为郡的简称，郡治在今彭山县。1956年，在四川昭化发现的23号蜀汉时期墓中，出土了一批"直百五铢"；1979年，在威远县出土一批古钱，其中"直百五铢"435枚，"为"字钱占103枚，这应是刘备入成都时所铸。此钱相当于五铢钱百倍，是刘备用变相的通货膨胀来搜括民财，以解决其财政困难。蜀国后期还曾铸造另一种"直百钱"，径1.6～1.9厘米；小型径1.3厘米，这些颇为杂乱的不足值的劣币，应是蜀国后期日趋衰落时期的货币。

江南地区的吴国经济比较发达。孙权在称帝前已铸过钱。周瑜对孙权说："今将军……铸山为铜"即指此事。正式记载吴国铸钱是在嘉禾五年（236年）春，"铸大钱，一当五百"。这钱称"大泉五百"。顺读。面背有内外廓，大小不等，一般径2.9厘米，重7克。与铸钱同时，吴下令吏民输铜给官府，由官方控制铜料，不准私铸。此钱初较重，后渐轻。赤乌元年（238年）春，孙权又铸"大泉当千"。面背有内外廓，今所见大小不等，一般径3.8厘米，重约14.5克；小者径2.5厘米，重3.5克。因为钱的面额大，所以吕蒙定荆州，孙权曾赐钱1亿。铸大钱本来是对付军用，结果导致物价上涨，百姓不便，到赤乌九年（246年）被迫停铸，并收回改铸器物。1975年10月，在江苏句容县葛村乡发现孙吴铸钱遗址，出土了一批铸废的大泉五百、大泉当千和泥制范母。

此外，吴钱还有"大泉二千"、"大泉五千"两种，为史志所不载，但近年在岭南、绍兴有所出土。"大泉二千"径3.1~3.4厘米，重7.5克左右。"大泉五千"径4.5厘米。这可能是吴国后期所铸的钱，表明通货膨胀，与蜀国后期日趋衰落的情况相类似。

2 两晋十六国的货币

两晋十六国指西晋（265~317年）、东晋（317~420年）和十六国（304~439年）。西晋是短暂的统一，东晋和十六国开始南北分裂。这是中国历史上一个十分混乱动荡的时期。

西晋初年，实行占田课田，曾一度出现"太康之治"的短期繁荣，但接着爆发了长达16年的"八王之乱"（290~306年），引发了各族起兵反晋和流民起义，最后导致西晋的灭亡。西晋主要沿用汉魏五铢钱及以前的古钱。

西晋政府没有铸钱，但地方上可能铸钱。现传世的"太平百钱"，据考证是西晋益州刺史赵廞据成都改年号为太平（300~301年）时所铸。1980年，在成都西门外出土"太平百钱"钱范（制钱模具），说明此钱铸于成都。钱大小不一，一般径2.5厘米，重3.2克。

西晋是门阀贵族专权的时代。门阀贵族因生活奢侈，对货币十分贪婪，于是出现了鲁褒的愤世之作《钱神论》。文章把钱称为"孔方兄"，对钱的作用作了描绘："钱多者处前，钱少者居后"；有了钱"危可使安，死可使活，贵可使贱，生可使杀。是故忿争非钱不胜，幽滞非钱不拔，怨雠（仇）非钱不解，令问非钱不发"。这是人们对当时社会上见利忘义，把钱奉作神物所表示的极大义愤和讽刺。

东晋是门阀贵族王、谢、庾、桓几个大族扶持下的政权，这一时期门阀制度已发展到了顶峰。东晋主要沿用了孙吴的旧钱，但大小轻重并行，大的称"比轮"，形容其大如车轮，指孙吴"大泉五百"、"大泉当千"等大钱；中者称"四文"，一说一钱当四小钱用，一说钱上有四个文字，可能指"太平百钱"等钱；小者称"沈郎钱"，为沈充所铸的"小五朱"。沈充曾在元帝末明帝初响应王敦的叛变，铸钱可能与此有关。此钱钱文"五朱"二字横读，面外有廓，径1.9厘米，重1.15克，铜色发白，是典型的减重铸币。唐代李贺《残丝曲》中有"榆荚相催不知数，沈郎青钱夹城路"之句；李商隐也有"谢家轻絮沈郎钱"的诗句，均指此。东晋末元兴（402～404年）年间，桓玄辅政，曾欲废钱，专用谷帛，遭到以孔琳之为首的朝臣反对，结果是朝廷多数人赞同孔琳之的观点，桓玄废钱没有实行。

五胡十六国时期，由于战乱频繁，导致货币经济进一步衰落，自然经济加强。但是，少数相对安定的政权也曾铸造货币。

（1）前凉（301～376年）。汉人张轨建立的政权。西晋末，中原大乱，很多汉人避难到凉州。公元301年，张轨任凉州刺史，都城姑臧（今甘肃武威）成为汉文化的中心。张轨劝课农桑，设立学校，把这一地区治理得很好。公元313年，张轨采纳索辅的建议，铸造了铜钱。"钱遂大行，人赖其利"，促进了经济的发展。1983年在陕西出土一枚张轨铸行的"凉造新泉"，径1.8厘米，宽0.65厘米，厚0.1厘米，重1.5克。类似西汉小五铢。此钱极为罕见，传世总共约40余枚。但也有人认为此钱为新莽时凉州窦融所铸。

（2）后赵（319～352年）。羯人石勒建立的政权。石勒灭前赵统一北方后，发展生产，制定租赋，提倡佛教和儒学，使社会相对稳定和发展。公元319年，石勒铸钱，名"丰货钱"。传世的"丰货钱"有两种：一为隶书，一为篆书。篆书分有内廓和无内廓两种，径2.5厘米。钱用"丰货"为名，说明石勒认为货币可以促进经济的繁荣发展。但当时由于长时期使用谷帛交易，这次铸钱并不顺利，造成"公私行钱，而人情不乐"，后石勒出绢收回丰货钱。

（3）成汉（304～347年）。在以李特为首的流民起义基础上建立的政权。李特死后，其子李雄称成都王，306年称帝，国号成。338年李雄侄李寿改国号为汉。四川曾出土过一种小钱，称"定平一百"，径1.25厘米，重0.65～0.7克，钱形类似小型"太平百钱"。关于此钱的时代，很难断定。有的说是李雄建元晏平（306～310年）所铸，说"定"是"安"，即"晏"的省文。也有人认为是三国蜀汉后主延熙初年（238年）所铸。此后，李寿在汉兴年间（338～343年）曾铸过"汉兴钱"。这是中国历史上最早的年号钱。它改变了过去钱币只标重量，而表明了时间，是一个重大进步。此钱径1.67厘米，重0.7～1.1克。钱文有直读、横读两种。光绪年间在成都附近出土一罐"汉兴钱"，其"汉兴"二字接近隶书。

（4）前秦（350～394年）。苻坚也可能铸过钱。《水经注》引《汉晋春秋》中曾提到，秦始皇铸的铜人有两个被石虎取置邺（今河北临漳）宫，苻坚又徙之长安，毁而为钱。前秦在苻坚统治时社会经济较为发展，其铸钱是完全可能的。

总之，在十六国时期，自然经济大为加强。广大汉族人民筑成坞壁，自给自足，以抵御外敌入侵，这是一种战乱时期生产与军事合一的组织。因为大多数少数族建立的政权并没有铸钱，汉魏旧钱可能还有所流通，但交换媒介主要是谷帛。这是当时政治不安定、社会大动荡而引起货币经济衰落的表现。

8 南朝的货币

南朝是继东晋以后的4个连续的朝代，即宋（420～479年）、齐（479～502年）、梁（502～557年）、陈（557～589年）。南朝社会相对安定，农业、手工业、商业和城市各方面都有所发展。因而，商品货币经济稍稍恢复，但在币制上，新旧交错，私铸严重，形制混乱，直到隋统一才结束了这种局面。

宋建国初，面临着钱币缺乏，国用不足问题。永初三年（422年），有人建议尽收民间铜器来铸造五铢钱。范泰上表反对，结果没有成功。宋文帝元嘉七年（430年），由于原来流通的五铢钱太重，开始铸四铢钱，其轮廓形制与五铢钱同，质量较好，径2.2厘米，重2～2.2克，比五铢减重20%。这是自西晋以来150多年间第一次由政府铸钱，钱文第一次标名"四铢"，是一个大胆的革新，标志着名称与实际重量趋于一致。宋初出现30年"元嘉之治"，不能不说与这次铸币推动经济发展有关。

到了元嘉后期，民间盗铸以及剪凿古钱等各种现象又出现了。市场上劣币充斥，良币越来越少。元嘉二十四年（447年），江夏王刘义恭建议铸行大钱，以防剪凿。经过争论，朝廷同意铸"当两大钱"，就是五铢钱当两个四铢钱用。但施行的结果却引起混乱，不到一年，大钱被废除。其原因主要是钱的名义价值与实际价值脱离。

孝建元年（454年），孝武帝改铸了"孝建四铢"。这是一种年号钱，虽比东晋成汉李寿的"汉兴钱"晚，但却是第一个正统王朝所铸的年号钱。钱的面文为"孝建"，背文为"四铢"，后去掉"四铢"，面背文皆为"孝建"。钱径2.2厘米，重2.8克。后愈铸愈小，有的径仅1.6厘米，重0.6克。由于量轻质差，民间纷纷盗铸，并掺杂铅锡，钱更薄小，又不牢固，由盗铸而犯罪者无数。结果是物价上涨,百姓困苦。朝廷乃下令"薄小无轮廓者,悉加禁断"。在这种情况下,有人提出让百姓自由铸钱,也有人提议改铸二铢钱,结果都没有实行。孝武帝在位的最后二年(463~464年),东部各郡大旱,米一升价数百钱,京城也至百余钱,饿死者十之六七。百姓因此盗铸,"钱转伪小,商货不行"也就是说恶钱充斥,引起物价上涨,社会骚动。

大明八年(464年),前废帝刘子业即位,宋王朝更加腐败,在铸币上,也更走下坡路。永光元年(465年),改铸二铢钱,同年八月改元景和,九月开放百姓铸钱。永光、景和这两种二铢钱,径皆1.7厘米左右。由于永光、景和时间短,所以这两种钱都极少。这时期政府铸小钱,百姓也模仿小钱,结果钱货败乱。1000钱叠在一起不满3寸,大小同此的叫"鹅眼钱",比此更劣质的叫"綖环钱"。这些钱扔到水中浮在上面不会下沉,随手一碰就破碎了。到市上买东西,由于太多不复计数。米一斗值1万钱,结果是商品流通无法正常进行。

景和元年年底,前废帝被杀,宋明帝刘彧即位。他整顿币制,首先禁鹅眼钱和綖环钱,接着又禁私铸及一切恶钱,压缩货币流通量。劣币充斥、商贾不行的情况有了好转。但由于宋明帝采取了通货紧缩的政策,又出现了钱少物贱的新问题。

南朝齐建立后,继续实行通货紧缩的政策。齐高帝萧道成曾说过:"使我治天下十年,当使黄金与土同价。"齐高帝建元四年（482年），孔觊（音jì）上《铸钱均货议》，说铸钱最大的弊端是轻重屡变，钱轻则盗铸，钱重则谷贱伤农，应该依汉法铸五铢钱，同时收回小钱，严禁剪凿，使货币统一。孔觊要求发行统一足值货币的思想，受到萧道成的赞同，并准备采铜铸钱。可惜萧道成在位4年就死了，此事没有办成。

整个齐朝始终是通货不足，因此物价偏低。建元二年（480年），豫章王萧嶷为荆、湘二州刺史，因谷价过贱，允许百姓以米当口钱（人头税），每斛一百钱。永明二年（484年），齐武帝儿子竟陵王萧子良说："东晋初，绢价等于今天十倍。宋初，绢布市价每匹一千，而民间作赋税输官则作九百，到元嘉年间，市价为六百，输官时则作五百。齐初市价跌至三百，而输官时则作一百余文。这是刻剥下民百姓。又旧钱大多已被剪凿，而公家收受要求轮廓完整，百姓无法，只得以一千七百文买一千文，十分困苦。"因此，萧子良建议用钱帛各半来交纳赋税。永明四年（486年）五月，齐武帝下诏：扬、南徐二州户租，2/3用布，1/3用钱。永明八年（490年），齐武帝在蜀严道山汉邓通铸钱遗址重新铸钱。这次铸钱数量不多，时间也短。南朝齐22年中，就铸过这一次钱。由于通货紧缩，发生钱荒。

梁王朝虽是个相对安定的时代，但在铸币上与刘宋一样，比较混乱。由于私铸严重，钱币滥恶，引起物价上涨。

梁初一反齐朝货币紧缩政策，大举铸钱。梁武帝萧衍当皇帝后不久就铸二种钱：一是"天监五铢"。钱文为"五铢"，书体近玉筋篆，铸造工整，面背都有内外廓，径2.4厘米，重约3.4克。二是"五铢女钱"，或称"公式女钱"。"女钱"即"细钱"，表示弱稚。"公式女钱"即官铸小钱，钱文"五铢"，重约2.5克，无边廓。梁初虽然铸了新钱，但百姓多以古钱交易，其中有"直百五铢"、"太平百钱"、"定平一百"等。梁武帝一再下诏，非新铸二种钱不许通用，但效果不显，一些趋利之徒，更以此获利。

为改变流通中的混乱状况，梁武帝于普通四年（523年）尽废铜钱，铸造铁五铢。其原因可能是铜缺乏而铁价贱。铁钱背有四出纹，径2.1厘米，重3.9克。因铁易得，人们纷纷私铸。虽然政府对盗铸防范甚严，但因利之所在，无法禁止。任昉有诗云："铁钱两当一（铁钱与铜钱比价为2∶1），百代易名实，为惠当及时，无待凉秋日。"到大同（535～546年）以后，铁钱已堆积如山，交易者以车载钱，不再计数。铁钱贬值，引起混乱，民间又恢复使用铜钱。但铜钱不足，在使用上出现"短陌"现象。所谓"短陌"，即不满100个铜钱算作100，90以上的叫"长陌"，有的以70或80为陌。侯景之乱出现以60为陌，到梁末甚至以35为陌。

梁末敬帝太平二年（557年），铸铜钱"四柱五铢"。此钱正背面各有二点星，正面为上下，背面为左右。故叫"四柱"，钱径2.3厘米，重2.3克，色发暗。一枚当细钱20，不久又改为10。当时私铸钱、鹅眼钱称细钱。后又铸"二柱五铢钱",钱正面有上下二星点,并禁细钱。这些钱的出现都使货币流通更加混乱,不久梁朝也就覆亡了。

陈霸先建立的陈王朝,国土狭小,国力很弱,但在平定侯景之乱后社会经济开始恢复。陈朝的货币流通状况较梁要好一些。陈初不再使用梁的铁钱,而是杂用二铢钱和鹅眼钱。这两种钱价同,但二铢钱重于鹅眼钱,于是人们私下熔钱,再掺杂锡铁以谋利,社会上兼用粟帛交易。到陈文帝天嘉三年(562年),铸五铢钱,即"天嘉五铢",有内外廓,外廓较宽,径2.35厘米,重3.35克。文字制作都较好,比梁的"四柱五铢"和"二柱五铢"都要厚重,因此当鹅眼钱10枚使用。陈宣帝太建十一年(579年)又铸"太货六铢"钱,与五铢钱并行。此钱径2.5厘米,重3克,面背有内外廓,铸造精美工整,重量不到天嘉五铢的一倍,却要当五铢10枚使用,引起不满。不久,陈宣帝死,后来又废六铢钱而专行五铢钱。

整个南朝,既有通货贬值,也有通货紧缩,既有铜钱,也有铁钱、铅锡钱、金银钱,还有大量使用的实物货币。南朝钱法上的混乱,是当时政治不稳定、社会经济衰退的表现。

4 北朝的货币

北朝由北魏(386~534年)及由北魏分裂出的东魏(534~550年)、北齐(550~577年)和西魏

（535～556年）、北周（557～581年）组成。这是由鲜卑族建立的存在时间较长的王朝。

北魏前期承十六国大乱之后，商品经济衰落，谷帛等实物成为主要交换媒介。到孝文帝元宏时代，由于社会封建化的完成，农业已成为主要经济部门，手工业和商业也有所发展，于是在太和十九年（495年）开始铸钱，称"太和五铢"。传世的这种钱大小精粗不一，一般径为2.5厘米，重3.4克；小者径2厘米，重2.6克。因为北方长期没有铸钱，此钱虽比南朝的钱厚重，但较粗糙。这是中国北方经过长期以实物货币为主状态后的第一次由政府铸钱，反映了社会商品货币经济的恢复和发展，也是孝文帝各项改革中的一项内容。与此同时，孝文帝命内外百官的俸禄也改铸为钱，每匹合钱200文。这就进一步提高了钱币的地位。孝文帝又规定百姓也可以铸钱，但必须到官府专设的炉中冶炼，而且铜必须精炼，不能掺杂质，钱工也由官府供给。这些措施，既能使钱币规格化，保证质量，还可防止人们以铸钱来营利。后来宣武帝永平三年（510年）又铸造了一次五铢钱，叫"永平五铢"，制作稍好，重3.4克。两次所铸的钱，质量相对较好，但由于长期以来民间用实物作交换和社会上流通的旧钱不可能很快退出，再加上新铸五铢钱的数量不多和富人藏钱，因而造成了新铸的五铢钱主要在京师一带流通。其他不少地区则仍使用布帛或杂用旧钱。

北魏后期，政治腐败，财政困难。孝明帝熙平二年（517年），北魏政府采用崔亮建议，广开铜矿铸钱以收利。此后，百姓多私铸，钱更薄小，以至钱轻得能被风吹走和浮在水面上，米一斗几乎值钱1000。当时，市铜价一斤为80文，私造薄钱，一斤铜可造钱200文。于是私铸猖獗，结果物价上涨，货币流通阻滞，犯罪者无数。

到北魏末年，铸钱都将长史高谦之上表建议铸三铢钱，没有实行。不久，其弟御史中尉高道穆提出铸大钱。他说："一斤铜铸76文，而铜价50余文，加上人工、锡炭、铅沙等，私铸者就无利可图，自然会不铸。"后来杨侃又建议铸造五铢钱。于是孝庄帝永安二年（529年）九月，官府自立炉开始铸钱，叫"永安五铢"，共开铸了4个月。此钱质量较高，径2.2~2.3厘米，重2.9~3克；小者径1.8厘米，重2克。为了提高货币的购买力，朝廷拿出库中藏绢来收回通货，每匹只卖200文，而市价要300文。结果又出现盗铸，钱多滥恶，商品流通仍然受到阻碍。

北魏分裂为东、西魏后，东魏、北齐政治腐败，财政困难，私铸严重，币制混乱。高欢掌权之初，仍继承北魏使用"永安五铢"。但迁都于邺（今河北临漳）后，盗铸就盛行起来，出现各种名称的私钱，如"雍州青赤"、"梁州生厚"、"紧钱"、"吉钱"、"天柱"、"赤牵"等，可能都是"永安五铢"，无法识别。冀州以北人民都以绢布交易，拒用铜钱。孝静帝元象（538~539年），兴和（539~543年）年间，连年丰收，谷价低到每斛9钱。在这种情况下，高欢高澄父子收集境内的铜和旧钱，仍按"永安五铢"铸造钱，使之流通四境。但不久私铸的细薄钱又盛行起来,甚至一些朝廷官员也参加私铸,如洛州刺史王则铸有"河阳钱",钱币依然十分混乱。

北齐时,文宣帝高洋在天保四年(553年)改铸新钱,称"常平五铢",钱径2.4厘米,重3.5克,制作比较精美,但流通仍然不畅,私铸并未断绝。到乾明(560年)、皇建(560~561年)年间,各地均有地方自铸之钱。邺中用的钱,有"赤熟"、"青熟"、"细眉"、"赤生"等各种名称;其他各地,品种各异。到北齐灭亡前的武平(570~576年)年间,私铸更加严重,或用生铁和铜,国家也禁止不了。这种状况,一直持续到齐的灭亡。

西魏宇文泰在苏绰等人帮助下,实行改革,政治比较稳定。西魏文帝曾在大统六年(540年)二月铸"大统五铢",形制仿"永安五铢",铜色黄白,右边穿孔处有一划。十二年(546年)三月,又铸减重的缩型"大统五铢"。

北周代西魏后,起初仍用五铢钱,后来曾三次铸钱:一是保定元年(561年)七月,周武帝宇文邕(音yōng)刚即位,便铸造"布泉"钱,与五铢钱并行,比价1∶5(一枚布币当五铢钱5枚)。"布泉"钱外廓隆起整齐,钱文书法是玉筋篆,钱径2.5厘米,重4.3克。当时梁、益诸州杂用古钱,河西诸郡用西域金银钱,政府并不禁止。二是建德元年(572年),周武帝诛宇文邕后亲政,实行一系列改革。建德三年,铸造"五行大布"钱,与"布泉"并行,但以一当

"布泉"十。此钱质量较高,一般径2.7厘米,重3克;小者径2.3厘米,重2.1克。周武帝是一个有作为的皇帝,他为了增加国家财政收入,实行了奖励农业生产、废佛、释放奴婢杂户等一系列改革;铸行"五行大布"大钱也是其增加国家财政收入的一项重要内容。此钱发行后,政府大为得利,为了防止盗铸,他又制定了"私铸者绞"、"从者发配充军"的严厉法律,并废除了"布泉",禁止"五行大布"出入关,目的是防止私铸伪钱入关。这是中国货币史上比较典型的利用虚价大钱来增加国家财政收入的措施。三是周静帝宇文阐大象元年(579年)十一月,铸"永通万国"钱,这是北周最后一次铸钱,与"五行大布"并行,以一当10个五铢钱。"永通万国"钱大小不一,又有阔边及铅钱等,一般径3厘米,重6.1克。北周的3种钱,书法的艺术性很强,但由于贬值过大,不受欢迎。

北朝铸钱较多。其前期承十六国大乱之后,又加鲜卑拓跋部比较落后,实物货币仍占统治地位,但孝文帝改革后直到北朝末,政府前后曾9次铸钱,使货币经济恢复发展起来。

实物货币地位的加强

实物货币即以谷帛等为货币,在中国历史上早已存在。秦汉以来,政府收支一部分用金银铜钱,一部分则用谷帛。如当时称官位往往以"六百石"、"二千石"为名,赏赐也用帛等实物。魏晋南北朝战乱频繁,由此造成社会经济破坏,商品经济萎缩,自然经济加强。虽不能说这一时期货币经济已完全衰落,但实物交换确已成为重要的交换形式。在这近400年中,各朝代、各时期、各地区情况不完全相同。大致说来,在北方,实物作为货币比较多些,但在西晋的"太康(280~290年)之治"和北魏孝文帝改革后,商品货币经济也有所发展;在南方,由于战争较少,货币的流通比北方又略多些。以下对各朝以实物为货币的状况略作介绍。

三国时期,魏文帝曹丕在黄初二年(221年)曾命令停止使用五铢钱,百姓可以用谷帛进行交换。但不久,即魏明帝太和元年(227年)又行五铢钱。在当时钱物并行时,实物显然更重要些。如计算价值往往用布帛来衡量,甚至人口也以绢帛计价。任昭先与人共买生口(奴隶),每人8匹。后生口家来赎,时价值60匹。馈赠也以绢计算。汝南有人准备了数千匹绢,派人送给田豫,田豫一概不受。胡质送给儿子胡威一匹绢,作为路上购粮之用。

蜀国币制混乱,恶钱充斥,因此实物货币也更通行。如赵云有军资余绢,诸葛亮命他赐将士。诸葛亮上表给后主说:"若臣死之日,不使内有余帛,外有余财,以负陛下。"这标明当时是以实物作为赏赐和财富贮藏手段的。

吴国和蜀国一样,币制混乱,轻重杂行,人们不得不经常以谷帛作为交换媒介。如孙皓令诸将求好犬,诸将都千里远寻,有的犬价值数千匹。李衡家种柑橘,其子每年可收得绢数千匹。但零星的小额交易,为防止布帛断裂丧失使用价值,则用钱。

西晋统一后,出现了经济相对繁荣的"太康之治",社会商品生产及货币流通比过去有所恢复发展。但这时期在赏赐、计价、赠送中仍然多用谷帛。如晋武帝赐给魏舒绢百匹,东海王越赐给王尼绢50匹,晋武帝赐给贾充帛8000匹。晋武帝想统一江南,当时谷贱而布帛贵,他用布帛买谷,作为粮储。

十六国时期,由于战争不断,生产遭到很大破坏。汉族人民往往聚族而居,筑起坞壁,自给自足,与外界基本隔绝。因此,这一时期是商品货币经济最衰落的时期。偶有交换,也多采用布帛谷粟等实物。铸钱的几个政权用钱的时间也不长,石勒曾铸钱,但人们不习惯于用钱,"而钱终不行"。前凉前期也是"河西荒废,遂不用钱"。近年来,在新疆吐鲁番县阿斯塔那、哈拉和卓两地的多次发掘中,出土一批十六国文书。除个别《随葬衣物疏》偶然记有"铜钱"数枚、金银若干外,很少涉及钱币。一般买卖、借债都以布帛计算支付,雇工也用绢。所以,可以说十六国时期是以实物货币占统治地位的时期。

东晋主要是沿用孙吴旧钱,也铸行过一些如"沈充钱"的劣钱。由于钱币混乱恶劣,再加上江南地区本来经济就比较落后,所以东晋仍然盛行谷帛为流通媒介。"土习其风,钱不普用",指的就是当时的实际情况。赏赐也用布帛,如钟雅在苏峻之乱中被害,后

四 货币的混乱和衰落

来朝廷赐布帛百匹。到安帝元兴（402～404年）中，桓玄辅政时，甚至提出废止铜钱，专用谷帛的建议。这个建议虽未实行，但这正是当时货币经济衰落状况的反映。

南朝时，江南有许多地区得到开发，货币经济也有所抬头。但南朝各代货币频繁改铸，五花八门，十分混乱，再加上私铸猖獗，劣币充斥，驱逐良币，就必然加强以谷帛为货币的作用。在计价、馈赠、赏赐、贿赂中都往往以实物来进行。如宋孝武帝时，萧道成以白聪马送给刘怀珍，怀珍回报百匹绢。宋明帝时，阮佃夫受宠，不少人向他贿赂，有人送绢200匹，他嫌少，不答书。梁末萧绎向四方宣布，有能捉住侯景或送其首级者，可封万户侯开国公，赏绢布5万匹。但各地发展也不平衡。宋时汉川地区都以绢作货币，后转为用钱。梁初用钱地区主要在三吴（吴、吴兴、会稽）、荆、郢、江、湘、梁、益等州，其余州郡则仍以谷帛交易。陈初承梁末货币贬值之后，实物作为货币更为突出。民间兼以粟帛为货币，在岭南诸州更是以盐、米、布交易。总之，南朝用钱较多的主要为政治中心地区，边缘地区则多使用实物。

北朝前期承十六国大乱之后，又由于拓跋部以游牧为主，所以实物经济色彩更比南朝浓烈。孝文帝铸五铢钱后，许多地区货币经济发展起来，但实物货币在北朝也始终存在。赵柔在路旁拾得金珠一串，价值数百匹缣，他还给了失主。他又出卖铧，索绢二十匹。北魏末河北地区经过动乱，物价上涨，一斗粟价值数匹缣。这是用于计价。胡太后赏赐百官绢,规定背得动多少就赏多少。这是用于赏赐。夏侯夬把田园都卖光,负债犹有数千余匹。这是用于债务。元晖为吏部尚书,公开卖官,都有定价,大郡太守2000匹,次郡太守1000匹,下郡太守500匹。这是用于贿赂。孝文帝颁行俸禄后,规定受赃满一匹者处死。这是用于计赃定罪。由上可见,实物货币在北朝占很重要的地位。

总之,魏晋南北朝时期相对来说是一个商品货币经济衰落、谷帛等实物货币增强和得到广泛使用的时期。究其原因:一是因为社会动乱,经济破坏。在这种时候,人们最重视的是与生活密切相关的谷帛,因而它会取得货币地位。二是各国所铸货币品种繁多,比较复杂混乱,有的质量低劣,盗铸也较多,这就使人们转而使用实物交换。三是赋税的实物化产生了影响。汉代除田租收实物外,算赋、口赋这些人头税都收钱。曹操打败袁绍后开始征收户租,户收绢二匹、绵二斤,这是实物赋税的开始。此后西晋的户调式、南朝的户租、北魏均田制中的租调制等多征收实物。赋税实物化减少了金属货币的需要量,巩固了实物货币的地位。总之,魏晋南北朝是货币混乱和衰落,实物在交换中处于重要地位的时期。

五 从铢两钱到通宝钱

1 最后的五铢钱——隋"开皇五铢"

隋朝（581～618年）结束了魏晋南北朝以来长期分裂动乱的局面，实现了全国的统一。隋文帝是一个有作为的皇帝，在位期间（581～604年）继续实行均田制，搜查隐漏户丁，减轻赋税徭役，削弱豪强势力，加强中央集权，使隋朝前期政治安定，人口和垦田数增加，出现了经济繁荣的局面。在政治统一、经济发展基础上，隋文帝统一了货币，这就是他铸造的中国历史上最后的五铢钱——"开皇五铢"。

隋文帝为了改变南北朝以来货币不统一、轻重不等的状况，在开皇元年（581年）九月隋朝刚建立就铸新钱。钱外周与孔都有廓，书"五铢"，制作精整。一般径2.5厘米，重3.4克。由于是开皇年间所铸，就称"开皇五铢"。

新钱一出现，就有人私铸。为此，文帝于开皇三年（583年）四月下令：四面诸关，各置百钱为样品。关外来者所带钱要与样品对照，相同者通过，不同者即毁坏为铜,改铸新钱。这种在关口置样的钱,称为"置样五铢"。很明显,这是为了制止私铸,打击伪钱。

新钱虽已通行,但前代旧钱如北周的"五行大布"、"永通万国"、北齐的"常平五铢"等在贸易中仍在流通,很不利于货币的统一。于是开皇四年,文帝又下令禁用旧钱;如果所在地区依旧不禁,县令夺半年禄。开皇五年,再次下诏严禁通用。经过三令五申,严厉整顿,才在隋境内实现了货币的统一。前代的古钱大多被销毁改铸。顾炎武《日知录·钱法之变》说:"尝论古来之钱凡两大变,隋时尽销古钱一大变,(明)天启以来一大变也。"意思是中国古代钱币有两次大变,一次是在隋,一次是在明天启年间,两次都是大量销毁了古钱。

隋开皇年间始终存在私铸问题。当时铸钱必须掺和锡镴(音là)。为了杜绝私铸,政府禁止私采锡镴,又检查店肆中流通的钱,凡私铸的都加毁销,其铜没收。对于用劣钱者加以逮捕直至处死。经过隋文帝采取各种严厉措施,整顿货币,终于结束了南北朝以来货币长期混乱的局面,实现了货币的统一。这是政治统一、经济发展的必然结果,同时也促进了社会生产的发展。近年来,我国南北各地都有隋五铢钱出土。1952~1958年,在湖南长沙发掘了两晋至隋47座墓,其中27座两晋墓及13座南朝墓只有少量铜钱出土,而在7座隋墓中却有不少隋五铢钱出土,其中一座有93枚,一座有12枚。这也从侧面反映出隋统一后货币的统一和货币经济的发展。

隋文帝死后，炀帝即位。他好大喜功，穷奢极欲，各方面状况迅速恶化，国家财政枯竭，统一的五铢钱制度也遭破坏，主要表现在由私铸引起的通货贬值。私铸者除了豪门大族外，也有一般的百姓，人们为了对付日益加重的负担，只好求助于铸私钱、坏钱。到最后甚至用铁皮和纸制钱，相杂使用。大业十四年（618年）七月，东都洛阳遇大饥荒，私钱滥恶，大半杂以锡，半斛钱可有八、九万枚，洛阳斗米价千钱。在这种状况下，社会经济已走向绝境。黄河以北，千里无烟；江淮之间，野草遍布。灾民"剥树皮以食之，渐及于叶，皮叶皆尽，乃煮土或捣藁（音 gǎo，枯木）为末而食之。其后人乃相食"。人民无法生存，只有起来反抗。隋政权在农民起义的冲击下，土崩瓦解，终于灭亡。

② 唐初的"开元通宝"及其意义

继隋之后，出现了强盛的唐王朝（618～907年）。唐代封建地主经济得到较长期和稳定的发展。唐前期社会安定，经济繁荣，从"贞观"到"开元"，文治武功鼎盛，商品经济发达。安史之乱后，唐王朝由盛转衰，但江南经济得到发展。两税法后，户税征钱，更促进了货币经济的发展。唐代前后期的经济发展状况对唐代货币与货币流通带来了深刻的影响。

唐代铸造的铜钱，最重要最有影响的是"开元通宝"钱。自从汉武帝铸造五铢钱，到隋文帝铸造"开皇五铢",五铢钱在中国历史上盛行了700多年。这是一种以重量来定名的货币系统。到了唐初铸造的"开元通宝"钱,不再用重量命名,而称为"通宝"。这种"通宝"钱制度流行时间更长,几乎成了唐以后历代铸造钱的标准,直到清末,达1300多年。

唐初,承隋末财政困难,私铸蜂起,币值下跌,民间还流行着隋和隋以前的古钱,包括南朝宋的綎环钱,即"鹅眼钱"、"荇(音xìng,叶浮在水面上的植物)叶钱"。千文串起来不足3寸,8万~9万个才满半斛。在这种情况下,铸造新的统一货币,满足商品流通和经济发展的需要,已成为当务之急。武德四年(621年),唐高祖李渊铸造"开元通宝"钱,简称"开元钱",从此,废除以前的五铢钱。"开元"有创始、首创、缔造之意,即后来唐高宗所说"爰创轨模"。"通宝"即流通的宝货,反映了人们对货币作用的深刻认识。此钱径2.5厘米,重4.3克。原来我国古代衡法是二十四铢为一两,"开元通宝"每枚重二铢四累,积十文重一两,一千文重六斤四两。此后在衡法上逐渐形成了十进位制,即十钱为一两。顾炎武在《日知录·以钱代铢》中说:所谓"二铢四累"者,即一钱之重也。后人因其繁杂难晓,故代以"钱"字。度量皆以十进位。

中国钱币的文字是很讲究的。大致先秦为大篆。秦至隋以小篆为主,但已向隶书过渡。如蜀汉"直百五铢"的"直百"两字是中国钱币上最早的隶书。"开元通宝"由唐初著名书法家欧阳询书写。"其字含八分及隶体"。"八分"是汉代隶书的别名。唐以后钱币上的文字,也有用篆书的,那只是例外。所以"开元通宝"钱的字不仅在中国书法史上留下了宝贵的资料,而且在中国货币史上,也开创了一个新的时代。

"开元通宝"是按先上后下、再先左后右读之,如果自上及左回环读之,则为"开通元宝",后一种是民间流俗的读法,并非欧阳询当时"制词"的本意。

唐代对铸钱设专官督理,除在京师设有钱监外,还在各产铜州郡设置钱官,监督铸造。开始设钱监于洛、并、幽、益诸州,此外,秦王、齐王各赐3炉铸钱,右仆射裴寂赐一炉。规定盗铸者处死,家口配没。造币权由国家垄断,禁止私铸,能保证钱币的统一和稳定。唐政府后来还对铜钱的成色作出统一规定,改变以前"即山铸钱",用原铜来铸钱的做法。天宝年间规定,铜钱的成分是铜83.33%,白蜡14.56%,黑锡2.11%。这是一个明显的进步,为后世制定了铜铸币的成色标准。天宝中,诸州共置99炉铸钱,每炉计铸钱3300贯,一年铸钱计有327000余贯。

统一的"开元通宝"钱的大量铸造和流通,使货币稳定,史称"新币轻重大小最为折衷,远近甚便之"。这就大大促进了唐代经济的繁荣,使唐初至开元天宝年间100多年社会经济能持续稳定地向前发展。由于农业丰收,物价平稳,贞观三、四年时,米每石三、四十钱,八、九年时,每石四、五十钱。高宗麟德年间(664~666年),每遇丰收,米价还能跌到每石五十钱。考古发掘证明,唐"开元通宝"钱是大量流通的。1964年河北邯郸峰峰矿区留旺发现一陶缸古钱,重约83斤,其中"开元通宝"钱有1.8万余枚。

终唐之世,除了高宗时"乾封泉宝",肃宗时"乾元重宝"等钱外,都以"开元通宝"为定制。开元钱无论对当时和后世都影响深远,在中国货币史上可以说带有划时代的意义。

3 私铸、劣钱与通货膨胀

唐前期社会经济状况总的来说是比较好的,生产增加,货币经济日益发展,但在货币流通中也出现了一些问题,这就是私铸和劣钱问题。其原因,一是流通领域中货币不足,武德四年,废用五铢,其他许多杂色钱币自然不许流通,只靠开元钱,就显得供应不足;二是太宗晚年与高宗时,对外用兵,财政支出增加,必然加重人民负担,结果私铸盛行起来。这是高宗至玄宗朝约百年间,影响货币流通稳定的一个麻烦问题。

为了整顿劣钱,唐高宗在显庆五年(660年)以1:5的比例用好钱换取劣钱,又出粜(音 tiào,意卖粮)米粟,搭收劣钱,结果并未解决问题。于是又企图采用铸造新钱的办法来整顿劣钱。乾封元年(666年)铸造了新钱"乾封泉宝"。径2.5厘米,重3.3~3.5克。钱重比开元钱增加10%,却要当开元钱10文用。这是一种虚价钱,结果造成旧钱为人们收藏,商贾不通,米帛等物价上涨,到第二年正月就只得废除。

于是又重新使用开元钱。

此后,劣钱与私铸问题仍继续存在。直到玄宗开元、天宝年间,由于重视农业生产,裁汰冗(音 rǒng,意闲散)官,抑制食封贵族,强使僧尼还俗等,使人民负担减轻,生产增加,物价下跌,私铸才减少了。唐前期的私铸与劣钱是因货币量不足而产生的一种局部现象,从整个时期的货币流通及物价状况来看,基本上还是良好的。在开元、天宝年间,米价每石大致在 30~100 文之间。

唐玄宗后期,不问政事,生活奢侈。安史之乱后,由于军费开支巨大,财政更加困难。朝廷用出卖官爵,度僧尼(出卖允许当僧尼凭证),增加苛捐杂税等办法来搜刮钱财,但作用都不大。乾元元年(758年)七月,唐政府在第五琦主持下,实行通货贬值政策,铸造大钱,径 2.7 厘米,重 5.97 克,称"乾元重宝"。这是最早称"重宝"的钱,与开元钱同时使用,比价为 1∶10,又叫"乾元当十钱"。第二年三月,第五琦入相,又提出铸"重轮乾元重宝",或称"重稜钱",其背面的外廓都是双圈,径 3.5 厘米,重 11.94 克。钱的重量为开元钱的 3 倍,却要当 50 倍的开元使用。大钱发行后,两种乾元重宝和开元钱同时流通,引起了物价飞涨,米斗价 7000 文,饿死者相枕于道。同时,盗铸严重,长安城中寺庙的钟及佛像都被熔化铸钱,因犯私铸罪而被处死 800 多人。

在这种情况下,肃宗只好改变办法。上元元年(760年)六月,宣布重稜钱由当开元钱 50 文用改为

30文；而开元钱则一当10文用；乾元当10钱依前行用不变。当时人称这种虚抬作价的钱，即乾元钱为"虚钱"，而未抬价前的开元钱为"实钱"。由此产生了两种物价，即虚价和实价。从此中国货币史上有了虚钱和实钱之分。"虚钱"实际是指不足值的铜钱，反映了人们对货币的进一步认识。

第五琦利用铸币膨胀政策掠夺人民，填补财政亏空，其结果是使货币流通全然陷入混乱之中。为了改变这种状况，宝应元年（762年）四月，代宗李豫即位后，宣布"乾元重宝"钱一当开元钱二，重轮钱一当三。几天后，又改为乾元大小钱一律一当一。于是又出现新的问题，私铸又转为私熔，每千个重轮钱可改铸为3000多开元钱，大钱很快退出流通领域。

"乾元重宝"钱退出流通，恢复了开元钱的流通制度，虽然物价有所平稳，但由于战争破坏太大，生产尚待恢复，所以物价仍比战前高。米价、盐价都比战前高出多倍。在代宗、德宗时曾铸有"大历元宝"和"建中通宝"钱（一说私铸）。"大历元宝"径2.3厘米，重3克；"建中通宝"径2.1厘米，重1.8~2克。这两种钱都是减重的小钱。

由上可知，从安史之乱到实行两税法之前，唐代是处于通货膨胀的时期。通货膨胀造成的后果：一是物价上涨。结果社会动荡，商人趁机投机取巧，人民生活更加困难。二是税收增加。盐利收入，肃宗初每年为60万贯，晚年超过10倍，代宗大历末增至1200万贯。三是官吏俸饷收入增加。开元二十四年（736

年），一品官月俸等项收入只有 60~70 贯；大历（766~779 年）中，权臣月俸 9000 贯，各郡刺史都是 1000 贯。大历十二年（777 年），按新币调整官俸，每年约增 156000 缗（音 mín，成串铜钱，每串 1000 文）。货币数字的猛增，正是通货贬值的结果。

在此期间，唐政府为对付通货膨胀，采取了一些办法，总的说来是开源节流。开源方面，劝农垦殖，实行屯田，增加生产，改革税制，增加国库收入。大历五年停什一税收制，改进榷盐法，使盐税占总收入之半。节流方面，紧缩行政开支，减低京官职田，裁员，淘汰寺庙僧尼，提倡节俭。代宗初年，曾一度大力提倡去奢崇俭，豪门贵族奢侈之风稍有收敛。

由于实行这些措施，到代宗末年，物价渐趋平稳，币值回升。但是接着又向相反方向波动，出现了通货不足。

4 两税法后的通货回缩

安史之乱后，社会动荡，土地买卖兼并之风日盛，货币在国家税收中的地位日益重要，盐税、茶税的征收额加大，出现了比南朝齐时更为严重的货币紧缩现象，持续六七十年，成为中国货币史上第一次真正的"钱荒"。贫富两极日益分化，农民失地逃亡严重，均田制名存实亡，租庸调制失去存在基础。建中元年（780 年），德宗李适继位，采纳宰相杨炎建议，改行两税法。

这是中国赋税史上的一次重大改革。它改变了过去租庸调制以人口为主的征税办法，确立了以土地和资产为主的征税原则。它以居民为课税主体，征收户税与地税；将各种捐税合并，分春秋两季交纳。户税是按财产的多少定户等，按户等征钱，或以绢帛折价交纳；地税则是按亩征收谷物。两税法以钱定税，对唐代货币经济发生了深远的影响。一方面由于税收用铜钱，货币的社会需要量比以前更为增加。唐玄宗开元末年，国家财政收入中，钱仅 200 余万缗，其他均为粟、绢、绵、布等实物。而两税法实行后，每岁收钱 2050 余万缗，米 400 万斛，以供外省；钱 950 余万缗，米 1600 余万斛，以供京师。除了两税法外，其他如商税、房产税（间架税）、交易税（除陌税）、茶税等，都广泛增加货币的需要量。另一方面，货币的流通量却日益减少。其原因：一是销熔铜钱，制作铜器物和佛像。民间熔铜钱 1000 文可得铜 6 斤，把官铸的上好铜钱熔化，得铜材可售 3600 文（量词，一个钱即一文）。改铸成各种铜器，可售 6000 文，获利甚厚。还用铜制作佛像钟磬（音 qìng，和尚敲的钵状物），也消耗大量铜钱。二是铜钱大量出口。唐代对外贸易十分发达，日本、西域及东南亚各国商贾往来频繁。每年由番舶输入大量珍奇宝货，中国除出口丝绸、瓷器等外，为求进出口平衡，只好支付铜钱。因当时这些国家也流通中国铜钱。三是富人积蓄铜钱。由于钱重物轻，通货紧缩，富商大贾及贵族官僚趁机积蓄铜钱。当时窖藏之风很盛，有人曾发掘出许多铜钱，可装一大木船。当时买卖房地产，要另付"掘地价款"。四是政府铸钱量减少。玄宗天宝年间（742~756年），每年铸钱总数为327000缗，到宪宗时（806~820年），全国铸钱额为135000缗。文宗太和八年（834年），铸钱尚不到100000缗。五是用钱区域扩大。大历以前，淄青、太原、魏博杂用铅铁钱；岭南杂用金、银、丹砂、象牙。但大历以后，都用铜钱。

唐后期的通货紧缩，引起了物价过分下降。"谷贱伤农"，受到直接损害的是广大农民。他们出卖农产品去交纳货币赋税，必然要比以前付出多几倍的钱物。陆贽说："或增价以买其所无，减价以卖其所有，一增一减，耗损已多。"白居易诗云："私家无钱炉，平地无铜山，胡为秋夏税，岁岁输铜钱？"

面对着钱重物轻，流通中货币的严重不足，唐政府采取了以下措施：一是奖励采铜，增加铸钱。元和三年（808年），开采郴州等地古铜坑200多处，增炉铸钱，一天约20贯（每千钱为一贯），一年可铸成7000贯。二是放出内库钱到市上流通。元和八年，放出内库钱50万贯，收买布帛，十二年又放出钱50万贯，令京兆府开场，以市价交易。三是令钱帛兼行。规定交易达到一定数额时必须用一定数量的布帛实物。四是禁止铜钱出境。贞元初年，禁止骆谷散关行人带钱出境。元和四年，禁止带钱过岭南。五是限制积蓄铜钱。元和三年，下诏"天下商贾畜钱者，并令逐便市易，不得畜钱"。元和十二年下诏，所有私人贮钱，不得过5000贯，如有超过，从下诏日起限一月内买实物收贮。长庆四年（824年）放宽政策，1万~10万贯，限一年处置完毕；10万~20万贯，限二年处置完毕。太和四年（830年），再下诏重申这一条，又规定积钱不得超过7000贯。六是严禁销钱为器，宣布铜为国有。贞元九年（793年）张滂上奏，今后除铸造镜子外，不得铸造其他器物及私相买卖，朝廷同意。元和元年，因钱少，禁用铜器。

由于通货紧缩，在商品流通中出现了短陌钱现象。所谓"短陌"，即每千文钱中扣除若干文，仍按千文钱使用。最初，政府一再出令禁止；到长庆元年（821年），终于解除禁令。穆宗《定钱陌敕》说：今后内外公私给用钱，以920文成贯。此后短陌愈来愈多，昭宗末年（903年），京师用钱以850文为贯，河南以800文为贯。

以上各种措施，虽然也取得了一定的效果，但并不能从根本上改变钱重物轻的状况。而随着商品货币经济的发展，一方面货币的需要量日益增长，另一方面，唐代采用"钱帛兼行"的货币制度，而谷帛有其明显的缺点，因而在流通中往往被人摒弃。这样，铜钱不足、钱重物轻的局面一直延续着。

在通货紧缩中，受害最深的是广大农民，富商豪族则乘机渔利。这样，唐的统治就不能稳固。最后，终于在长庆元年改变了两税以钱定税的办法，恢复了征收布帛粟麦等实物。直到唐武宗废佛，延续了60年的通货紧缩现象才缓和下来。

佛教在唐代进入鼎盛阶段。由于佛教的盛行使国家财政收入减少,兵源不足,引起国家与寺院的矛盾。因此唐武宗在会昌五年(845年)掀起了一次大规模的排佛斗争,称为"会昌法难"。这次废佛中,毁拆寺庙4600座,毁大量佛像、钟磬,铜料大大增加。于是开始大规模铸钱,朝廷允许各地都可铸造。先是淮南节度使李绅在钱背铸一"昌"字,表示会昌年号。此后各州纷纷铸钱,都在钱背铸有本州之名,如"京"(京兆府)、"洛"(洛阳)、"益"(四川)、"荆"(江陵)等。1959年在北京南郊发现的赵德钧墓,出土了许多"会昌开元钱"。钱大小轻重仿"开元通宝",但标准不一。一般径2.3厘米,重3.4~3.5克。此钱铸行后,武宗下令"公私行用,并取新钱。其旧钱权停三数年"。同时百官俸禄也给钱。

"会昌开元"钱的大量铸造,在一定程度上缓和了钱重物轻状况,但没有从整体上扭转通货不足的局面。所以直到唐末,民间一直使用着短陌钱。

唐后期政治腐败,民不聊生。地方上藩镇混战,租税不解交中央,各镇自铸货币行用。如此分裂混乱的状况反映在货币上,便使得货币贬值,物价上涨。这种局面一直延续到了五代十国。

五代十国币制的复杂混乱

五代十国(907~960年)时期是军阀混战时代,是唐末藩镇割据的继续。这一时期,中原地方社会经济破坏较大,南方战事较少,经济继续发展,由此全国经济重心继续南移。

五代十国是个货币混乱的时期,由于政权众多,先后出现30多种货币。其材料除铜外,还有铅锡铁,甚至以泥作币。各国之间,往往用铸劣钱来增强自己和削弱对方,因而形成错综复杂的货币战。这一时期,由于铜的缺少,各政权铸钱数量不多,民间仍沿用唐开元旧钱。通货不足、钱重物轻的现象也仍然存在。因而民间继续使用短陌钱,而且除陌数额更日益增加。后唐同光二年(924年)"军民商旅,凡有买卖,并须使八十陌钱",即以920文作千文钱。后汉乾祐年间(948~950年)收入80为陌,支出77为陌。

铅锡钱的流通,是造成这一时期钱币混乱的重要原因。铅锡钱在唐后期已经出现。唐政府曾一再下令禁止其流通,五代时继续执行这一政策。后唐庄宗在《禁铅锡钱诏》中说:"宜令京城诸道于坊市行使钱内,点检杂恶铅锡钱,并宜禁断,沿江州县,每有舟船到岸,严加觉察,不许将杂铅锡恶钱往来,换易好钱,如有私载,并行收纳。"后唐明宗在《禁铁镴钱敕》中称:"应中外所使铜钱内铁镴钱,即宜毁弃,不得辄行,如违,其所使钱不计多少,并纳入官,仍科深罪。"政府虽加严禁,但这类劣钱始终流通不衰。在南方的十国,有些政权把自己铸造的铁铅钱作为正式通货,与铜钱一起使用。十国铸造的铁铅钱,在南方也有所出土。1953~1957年,先后在广州市郊出土许多南汉"乾亨重宝"铅钱,共有1200多斤。钱大小不一,铸造极差。1957年,在福州发现一瓮"开元通宝"铅钱，共有40余斤，制造很粗劣。1959年，长沙对300余座楚墓进行清理，半数有铁质钱，还有铅钱，上有模糊的"开元通宝"字样，钱薄如纸。十国割据政权铸造使用劣质的铅铁钱，加剧了货币流通的混乱，对宋代也造成影响。

五代各政权铸币情况：后梁（907～923年）铸钱，史无记载。但朱温在位时，改元二次：开平，五年；乾化，二年。现存有"开平元宝"，大似当十；"开平通宝"，大似当五，可能为后梁所铸。后唐（923～93年）钱实物所见有"天成（926～930年）元宝"，小平钱。后晋（936～947年）为缓和社会矛盾，曾一度听任官民自由铸钱。后晋钱币实物所见有"助国元宝"、"壮国元宝"。后汉（947～950年）乾祐元年（948年）铸有"汉元通宝"钱。后汉曾宣布铜为国有，只允许官府铸钱和铜镜，不许民间铸器物。后周（951～960年）柴荣继北魏太武帝、北周武帝和唐武宗之后，又一次掀起大规模的抑佛运动，于显德三年（956年）下令废除寺院30336所，民间铜器、佛像一律由官府收购，把收来的铜器铸造"周元通宝"钱。此钱阔廓，铸造工整，径2.4～2.5厘米，重3.5～3.6克。背多有月纹或星月纹。这是五代时期铸钱最多的一次。后周把铸币权集中于王室，并排斥南方各国的恶钱，其改革较有成效，为北宋的统一奠定基础。

十国铸币的概况：南唐（937～975年）通商贸易发达，铸钱最多，有"开元通宝"，钱文有篆、隶两种，字小，廓阔，铸造甚精。一般径2.4～2.5厘米，重约3.4～3.5克。篆、隶两种钱文的钱称为"对钱"，对后来北宋的对钱有直接影响。此外，还有"大齐通宝"、"永通泉货"、"保大元宝"、"通行泉货"、"唐国通宝"、"大唐通宝"等。其中数量较多而见诸史书的有"开元通宝"、"唐国通宝"和"大唐通宝"3种平钱。后主李煜（音yù）时，更行用铁钱，初与铜钱并用，民间纷纷藏匿铜钱，出现劣币驱逐良币。商人们更以10枚铁钱收换一枚铜钱，后政府正式规定按此比例交换。楚（896～951年）曾铸铅钱，用于长沙，而城外用铜钱。又曾铸造"乾封泉宝"大铁钱，有大小两种，背皆有"天"、"策"等字，取天策府之义。径3.9厘米，重26.85克。另有"开元通宝"铅钱，背上下有"南四"两字。1984年在桂林临桂路出土，径2.0厘米，重2.2克，可能为楚所铸。闽（933～945年）是小国，内乱不休，滥铸铁钱、铅钱和大铜铁钱。王审知铸"开元通宝"钱，传世有大小两种。大钱用铜、铅、铁铸，书体兼真、隶；小平钱用铜、铅铸。大铁钱径4厘米，重28.1克，背穿上铸巨星或模糊"闽"字，下有仰月纹。大铜钱最罕见，径4厘米，重22.5克，背穿上模铸巨星纹。小平铅钱经2.3厘米，重约2.5克，背穿上模铸"闽"字。此后铸造的闽钱尚有"永隆通宝"大铁钱，一当铅钱100；"天德通宝"大铁钱，也当100。南汉（917～971年）统治者荒淫残暴，上下公开卖官，实行通货膨胀政策，大铸铅钱。乾亨二年（918年）铸有"乾亨通宝"铅钱，十当铜钱一，背有"邕"字，径2.4厘米，重4.2克。这被认为是中国最早的铅钱；以前曾有过私铸铅钱和地方自铸铅钱。乾和（943～958年）以后，城内用铅钱，城外用铜钱。铅钱是通用货币，铜钱则有特殊恩赐才发给。前蜀（907～925年）苛捐杂税，诸求无厌。铸有"永平元宝"、"通正元宝"、"天汉元宝"、"光天元宝"、"乾德元宝"、"咸康通宝"等铜钱。后蜀（934～965年）政治更加腐败，铸有"大蜀通宝"、"广政通宝"铜钱。后蜀末年，也铸行了铁钱，与铜钱兼行。此外，吴越（907～978年）、北汉（951～979年）也曾铸过钱，未见实物。荆南（907～963年）未见铸钱记载。

总之，五代十国经济上的区域封锁，生产凋敝，反映在货币制上是形式各异、五花八门，这是一个货币复杂混乱的时代。

6 实物货币与白银货币

在魏晋南北朝实物货币地位加强的基础上，隋唐五代时期实物货币仍然继续流通。但是，由于商品经济的发展，唐代金属货币的地位已有所上升。

实物货币主要是指谷粟和布帛。但其性质却并不一致。谷粟作为货币，体积大，运输困难，不宜久存，因此，它主要是农民在乡村集市上用于换取一些生活必需品，实际上是一种物物交换。布帛与粮食不同，它体轻、价高、便于携带运输，也不易变质，可以长期贮藏，因此自魏晋以来成为实物货币的主要形态。所谓布帛是一个统称，实际上区别很大。布是麻织品，以麻、疴、葛为原料，是广大农民的主要生产物，为一般普通百姓交换所使用。租庸调制中的调，即有纳绢二丈或布二丈四尺。帛是丝织品的总称，包括绢、帛、缯（音 zēng）、锦、绫、罗、细、缎、缣（音 jiān）、绨（音 tì）等丝织物。其中主要是绢和缣。绢的丝纱较疏，缣则丝数细密，比绢多一倍。绢帛的货币作用比布更重要，因价格高，又不宜割断，大多在大宗商品交换上使用。唐代布帛在各地普遍生产，数量巨大，技术很高。质优的绢大多产于河南道地区；质优的布大多产自江淮流域。

政府对布帛等织物的长宽和质量都有规定，主要是防止制作粗恶短狭布帛，以维持货币价值的稳定。当时，规定绢以四丈为匹，布以五丈为端，均宽一尺八寸。政府一再下令严禁织造次弱绢帛。如元和九年八月、会昌六年七月、后周显德三年五月，都曾下诏禁止织造次弱绢帛。

唐代绢帛作为一种货币曾用于许多方面，如贿赂、请瘗、赠送、布施、谢礼、赏格、旅费、物价、支付、租赁、放债、蓄藏、纳税、上供、进献、俸料、和籴（音 dí，唐政府买粮食供边军叫和籴）、营缮、军费、赏赐等。贞观十一年（637年）侍御史马周上疏说："往者贞观之初，率土荒俭，一匹绢才得一斗粟，而天下帖然（安定）⋯⋯自五、六年来，频岁半稔，一匹绢得粟十余石。"这是用绢来作为价值尺度，表示粮食价格。开元二十年（732年）九月："制（天子之言）曰：绫罗绢布杂货等交易皆令通用。如闻市肆必须见钱，深非道理。自今以后，与钱货兼用，违者准法罪之。"这是政府明令绢布与铜钱一起流通，不准市场上商店拒用绢布。这是绢布用作购买手段。唐玄宗赐给著名道士司马承祯绢三百匹反映了赏赐手段。刘士宁以绢数千匹赂宰相窦参是其贿赂手段。元和十年十一月，"诏出内库缯绢五十五万匹供军"。这是用作军费。用作贮藏财富例有杨国忠"既居要地，中外饷遗辐辏，积绢至三千万匹"。用作官吏俸禄例有长庆四年（824年）五月敕（音 chì，帝王命令）："令户部应给百官俸料（唐制百官俸禄外另给食料，或准折钱，又称料钱），其中一半合给段疋（即匹）者。"太和七年（833年）一月，户部侍郎庾敬休奏："文武九品以上，每月料钱，一半合给段疋丝绵等。"此外，唐代绢帛还成为与四周各族各国进行交换的主要手段。如与突厥、回鹘的交易主要用绢帛支付。绢帛还经边疆各族商人之手，流通到更远的各国，通过陆路、海上的贸易使绢帛远销到中亚、西南亚、日本、朝鲜等国。由于绢帛成为商业买卖中普遍愿意接受的媒介物，有着广阔的国内外市场，这就加强了它的货币职能，在社会上被广泛地应用。它与铜钱、白银一样，发挥着货币的作用。

在唐代，虽然始终保持着"钱帛兼行"的局面，但是前后期还是有所变化发展的。绢帛作为货币，在前期比较盛行，这是因为唐初废五铢，专用"开元通宝"钱,由于钱少,在供应上就显得紧张,因而实物经济占有重要地位。唐中叶以后,由于社会经济有较大的发展,商品种类增加,市场交换更加繁荣,促使铜钱流通的扩大,绢帛作为货币便日趋衰落,在交易中商人不愿收受绢帛。而铜钱则由于需要增加更感紧缺,由此出现通货紧缩,钱重物轻现象。为此,政府屡次下令,规定绢帛为法定的货币。如开元二十二年(734年)十月敕:"货物兼通,将以利用。而布帛是本,钱刀是末……自今以后所有庄宅口马交易,并先用绢、布、绫、罗、丝、锦等物,其余市价至一千以上,亦令钱物兼用,违者科罪。"元和六年(811年)通令:"公私交易十贯钱以上,即须兼用疋段。"这些敕文正好说明绢帛作为货币已渐趋衰落之势。

当然,唐后期货币经济的发展在全国是不平衡的。在沿边地区如敦煌,买地、买牛、租地、买房以及雇工都用绢和粟等实物。在偏僻山区如山南道(今湖北、四川),长庆二年(822年)韦处厚提到这里"不用现钱",山谷里的贫苦人民,以自己所生产的东西如蜡、漆、鱼、鸡等去交换自己所需要的东西。这更是完全的实物经济。

隋唐五代,白银的货币作用发展起来。我国从东汉以后,黄金作为货币的作用已开始衰落。此后800多年中,贵金属作为货币使用较少。唐中期以后,由于铜钱不足,妨碍了商品流通和商业的发展,虽用短陌、飞钱等方式弥补,但仍不能解决问题,于是白银的货币作用就应运而生。在整个唐代,白银始终未被统治者确定为法定货币，但实际上它已进入流通领域，在许多方面发挥了货币的职能。如赏赐、贿赂、军费、进献、贮藏、计价等，都有不少史例可证。尤其是大额支付，它更起了重要的作用。白银作为货币是货币史的一个进步。它价值高，在流通中更为方便；它不像布帛那样不能任意分割，也不像粟米那样会久藏变质。因此它一出现就受到人们的欢迎，并且使布帛等实物货币处于被淘汰的地位。唐代白银货币的实物在近年考古中也有所发现。如 1956 年西安唐大明宫遗址出土了四块唐银铤（音 tǐng），刻铭显示系天宝年间杨国忠等进奉之物。其中一块刻"宣城郡和市银壹铤伍拾两"，长 32 厘米，宽 7.3 厘米，厚 1 厘米；另一件刻"天宝十载正月日税山银一铤五十两"，长 31 厘米，宽 7 厘米，厚 1 厘米。1970 年河南洛阳出土的唐银中，有银铤和银饼，银饼形状不规则，径最长处为 14 厘米，面文阴刻"贰拾叁两"，实测重量 940 克。总之，唐五代时期，由于经济的发展，内外贸易的兴起，特别是海外贸易的发达，对白银的使用有了进一步的发展。

值得一提的是，唐代出现的"飞钱"或称"便换"，就是商人们把货物运到京城长安，不再从长安把笨重的钱运回去，而是由各道进奏院或各军、各使驻京机关给一纸凭证，然后轻装回到地方，凭证取钱。这是我国最早的汇兑事业。此外，还有保管钱财的柜坊，从事金银买卖和兑换的金银店，办理抵押放款的质库。所有这些，都说明唐代的信用关系已有了进一步的发展。

六 纸币的产生

1 两宋钱币的特点

两宋即北宋（960～1127年）和南宋（1127～1279年），是中国古代统一王朝中国势较弱的朝代，但经济上却有显著的发展。各地区经济联系更加紧密，在商品货币经济的刺激下，商业和城市更加繁荣。北宋10万以上人口的城市有40多个，汴京（今开封）的商家有160多行，城市中的坊市制已破坏，店铺可以随便开设，市场交易的时间限制也取消了。南宋的临安（今杭州）人口百万，成为长江、运河、钱塘江及海上交通枢纽和各种货物的最大集散地。此外，各地出现了大量草市、墟市，成为城市和广大农村之间的桥梁。北宋商税总额达七、八百万贯。对外贸易也比唐代更为发展，重要的港口城市有广州、杭州、明州、泉州等，政府专门设立市舶司管理对外贸易。南宋初市舶收入200万缗。两宋时期，中国古代的经济重心已移往南方。

在社会经济发展的基础上，两宋的货币和货币流通具有以下一些特点。

（1）年号钱基本上成为定制。唐代虽然也有"乾封泉宝"、"乾元重宝"等钱，但基本上使用的是"开元通宝"钱，到宋代就不同了。宋建国后，宋太祖开始铸"宋元通宝"（或"宋通元宝"），径2.6厘米，重3.4克。书体仿八分，阔廓。宋朝这第一种钱并不是年号钱。到宋太宗太平兴国、淳化、至道年间，所铸钱有"太平通宝"、"淳化元宝"、"至道元宝"等，这是实行年号钱的开始。此后几乎每次改年号，都要铸一次钱，有时一个皇帝要改多次年号，就有许多种钱。如宋仁宗改元9次，所铸钱计12种，因有时一个年号就有元宝、通宝、重宝3种钱。总计北宋9帝，改了35次年号，铸了27种年号钱和3种非年号钱。南宋7帝，改了20次年号，（连同闽、粤两帝应为9帝22次年号），铸了18种年号钱和3种非年号钱。两宋总计共铸有45种年号钱和6种非年号钱。中国年号最早在十六国时就产生了，但直到两宋才真正流行。这种年号钱制经元、明，一直延续到清末。

（2）形成铜钱和铁钱区。宋代货币的一个重要特点是铜钱和铁钱并行，并形成铜钱区和铁钱区。产生这种现象是有历史原因和社会原因的。其历史原因，是继承了五代十国的历史遗产。例如楚国的"天策府宝"、"乾封泉宝"，后蜀的"广政通宝"都有铜铁钱。宋统一后，面对既成事实，也继续了铜钱与铁钱并行。其社会原因，是由于两宋商品经济和城市商业的发展，对货币的需要量日益增大，另一方面，两宋向西夏、契丹、女真岁纳银币，财政日益困难，在与辽、金等贸易中铜钱不断外流需要遏制，朝廷不得不铸造铁钱。

北宋，全国行使铜钱的有13路（宋初在州、县以上设路，是介乎于行政区和监察区之间的一种区划），即开封府、京东路、京西路、江北路、淮南路、两浙路、福建路、江南东西两路、荆湖南路、广南东西路、荆西北路；专用铁钱的有成都府路、梓州路、利州路、症州路等；铜铁钱兼用的有陕西及河东两路。南宋铁钱的流通区又有所扩大，在两淮、京西及湖北荆门地区也使用铁钱，而铜钱主要流通于东南地区。

铜钱区铁钱区的形成、发展与两宋货币的不统一，说明了两宋国力衰弱、政令不能统一，也反映了国家财政困难，需要靠发行铁钱来弥补军费等浩大开支。铜钱与铁钱兼行，带来了不良的结果。它不仅造成了地区分割性，妨碍了商品流通，而且引起盗铸，劣币驱逐良币等问题。但是，物极必反，在铜、铁币不能适应商品经济发展的形势下，却引起了新的进步货币——纸币的产生。

（3）币值有多种面额。钱分大小前代也有，但不如宋钱面额多。除一文的小平钱外，有折二钱（即当二平钱），还有折三、折五、折十，甚至还有当百大钱。例如宋神宗时的"熙宁元宝"为平钱，"熙宁重宝"为折二钱。平钱径2.5厘米，重3.6克；折二钱一般径3厘米，重7.5克。宋徽宗"大观通宝"今所见有平钱、折二、折三、折五、折十共5种。平钱径2.5厘米，重3.8克；折十钱径4.1厘米，重19克。

又有铁钱。南宋高宗建炎年间（1127～1130年）有平钱称"建炎元宝"，径2.45厘米，重3.5克；折二钱称"通宝"，径2.8厘米，重5.6～5.8克；折三钱称"重宝"，径3厘米，重9.3克。有铁钱与铜钱并行。其他各代的钱大致相类似。整个宋朝，北宋以小平钱为主，南宋以折二钱为主。大钱都是虚价钱，是政府用来弥补财政亏空的。南宋理宗淳祐（1241～1252年）年间甚至铸造当百大钱。

此外，南宋还铸行过一种钱牌，有上圆下方、上方下圆、长方形3种。正反面有"临安府行用"、"准伍百文省"或"准贰佰文省"字样，俗称"夸牌"、"大牌"。这是一种带有通行证性质的代用货币，"省"即"省陌"。

钱币有多种面额存在，从好的方面看，使用较方便，反映了商品经济发展而引起的社会需要的发展变化。

（4）币材种类多。宋代币材种类多，有铜、铁、夹锡等。在五代，铁钱是不正规的，而在宋代已成为正规。许多钱都是既有铜钱，又有铁钱。夹锡钱是一种铜锡铅合金低质钱。宋徽宗时的"崇宁重宝"、"大观通宝"都有夹锡钱。前者一当铜钱二，后者当五，其结构比例为铜57.14%，黑锡28.57%，白锡14.29%。而唐"开元通宝"一般含铜在83%以上。宋钱最好的"太平通宝"（宋太宗太平兴国年间铸）也仅含铜65%左右。此后各朝所铸钱含铜比例都逐渐降低。一般讲，北宋以铜钱为主，南宋以铁钱为主。

北宋钱的变化较南宋多。

（5）钱文的多种书体和对钱形式。宋钱文的书法有篆、隶、草、楷、行等多种书体。"淳化元宝"的钱文由宋太宗亲自书写，用草、楷、行书3种书体，叫"御书体"。皇帝亲自书写钱文由他开始；钱文用草书体也由此开始。此后，宋代铸造同一年号钱，往往有两种书体配对，如篆与楷、行与隶，称为"对子钱"。宋仁宗时的"天圣元宝"、"景祐元宝"、"皇宋通宝"、"至和元宝"、"嘉祐元宝"等都是有楷书、篆书的对钱。宋神宗时的"元丰通宝"，有篆、隶、草3种书体。宋哲宗时的"元祐通宝"、"绍圣元宝"、"元符通宝"，钱文都有篆、行书体的对钱。宋徽宗虽然是个荒淫皇帝，却爱好书法绘画，其"瘦金体"书法具有自己的风格。他的"崇宁通宝"，有隶、楷书体，楷书为瘦金体；"大观通宝"钱文也是瘦金体；"重和通宝"为篆、隶对书。这类多书体的对钱形式在南宋初还有，到"淳熙元宝"之后不再出现。

宋钱钱文一般都出自名家手笔。如"元祐通宝"为司马光、苏东坡等人所写。这对研究中国书法提供了可贵的资料。宋钱上的端正书体，就是现今人称的仿宋体字。

除了以上5点外，从钱名来说，宋钱也极多样。一般称通宝、元宝，有时同一种钱可称通宝、元宝、重宝。有的还有更多的名称。从版式讲，熙宁、元丰两种年号钱就各有100多种版式。北宋的纪年钱有的还铸明年份，如淳熙七年（1180年）铸的"淳熙元宝"背铸有"柒"字。这也是一次重大改进。除背文纪年外,还有背文记地,如宁宗"庆元通宝"背文上下有"汉二"字,即表明是汉阳监(在今湖北)所铸造。

上述两宋钱币的特点,是宋代政治、经济、文化的反映,表现了宋代社会的特殊性。

北宋"钱荒"的原因

在北宋的各种货币中,铜钱仍然起着主要的作用。由于铜钱地位重要,政府直接控制铸造铜钱的大权。北宋统辖货币铸造的是提举坑冶铸钱司,下面是分散在各地的铸钱钱监。太宗兴国二年(977年)至真宗咸平三年(1000年)设有4监,后来王安石变法时,又在京西、淮南、两浙、江西、荆湖6路各置一铸钱监。铸钱的数量,北宋初至道(995~997年)年间为每年80万贯,真宗景德中(1004~1007年),为每年183万贯,神宗熙宁末年(1077年)为373万贯,到元丰三年(1080年)达506万贯。这是北宋一代铸钱的最高峰。出现这样迅速发展的原因是熙丰年间王安石推行新法时,解除了钱禁,放开了对冶户的控制,从而刺激了采铜业和铸钱业的发展。

北宋虽然铸铜钱的数量不断增加,但始终存在着"钱荒"问题。造成钱荒的直接原因如下。

(1)征收免役钱。王安石变法的一项重要内容即免役法,又称募役法、雇役法。它废除乡村各等户轮差服役，改由政府出雇钱募人充役。原来承担差役的乡村人户，要出钱代役，称免役钱；原先不承担差役的人户减半输钱，称助役钱；在摊派役钱时还要增收20%以备灾荒，称免役宽剩钱。征收这些钱就促使更多的农产品去换取现钱，也使政府更多地集中铜钱，从而使流通的货币减少。

（2）铜钱外流。北宋很重视对辽贸易。由于辽国铸钱很晚，而且数量也少，很需要钱，因此宋在与辽的贸易中大量使用唐古钱，主要是宋钱，由此造成宋铜钱的流失。为防止铜钱外流，仁宗时规定："以铜钱出外界一贯以上，为首者处死"，但这项禁令到熙宁七年就宣布解除，允许携带铜钱出境，仅论贯收税而已，由此铜钱外流。这个问题到神宗时已十分严重，出现"钱荒"。自熙宁七年削除钱禁，"以此边关重车而出，海舶饱载而回"。这是指铜钱通过边关流向北方契丹、女真及西夏等国家，主要是流向契丹；通过海路流向日本及东南亚地区。元祐更化后，虽然恢复了铜禁，但私运铜钱出境依然不能遏止。

（3）销钱为器。早在宋太宗时，在汴京就存在销铜钱为器物，当时曾严令禁止，犯者处斩，但利之所在，难以禁绝。沈括说，铜禁开后，销钱以为器者，可得利10倍，就促使销钱为器。销熔10钱，得精铜1两，造作器物，可获利5倍。政府铸钱好比田间小沟流出的水，而毁钱为器好比流向大海的水，以前者供后者，必然枯竭。在销钱为器的同时，好钱还被大量改铸成劣钱。改铸者大多在深山穷谷，或在江湖之中，政府也无可奈何。

(4) 贮藏铜钱。贮藏是货币的一项重要职能。北宋的一些达官贵人、大地主富豪往往大量贮藏金银铜钱。如宋真宗时的青州麻氏是当地大族,"其富三世,自其祖以钱10万(缗)镇库,未尝用也"。宋仁宗时抵御西夏,永兴军大姓李氏一次出借20万贯,可见藏钱之多。

除上述4点外,最根本的原因还是宋代商品和货币经济的发展。唐代交易中铜钱和绢帛并用,到宋代则多用钱币;在商业上,唐代城市中商业集中在几个市,如长安的东市、西市等,宋代城市中到处可以开商店,而且由于商业发达,有的城市如汴京有了夜市;宋代的海外贸易也比唐代发达,如熙丰年间输往外国的铜钱数,远远超过唐代。

总之,由于商品经济发展引起对货币需要量的扩大,而绢帛又基本退出流通,铜钱又是贱金属铸币,金额不大,所以在流通领域货币就日益显得不足,这是造成北宋"钱荒"的根本原因。

南宋的"钱荒"与对策

南宋时,虽然国势衰弱,但经济却继续向前发展,在江南各城乡都有商业市场。商业和货币经济的发展,需要大量的铜钱,而南宋一百多年中铜钱始终缺乏。南宋建立后不久,绍兴十一年(1141年),大臣们在奏言中指出:荆湖之南,现今每斗谷仅百余钱,谷价之贱,未有如今日者。谷虽多,买者少,于是钱日益荒而民日益困矣。

南宋铜钱不足的原因：一是铸钱数量减少。北宋的造币数是中国历史上最高的。宋神宗元丰三年为506万贯。可是南宋的铸币数却大为减少，绍兴元年（1131年）为8万贯，此后，至绍兴三十一年，一般都不超过15万贯。南宋铸钱减少的原因是北方已被金人占领，而南方的铸炉不少因战祸而荒废，而且铸钱的原料铜、铅、锡等产量锐减。二是销钱为器。和北宋一样，由于销钱铸造铜器可获厚利，因而破铜钱为器物者人数越来越多。铜钱被销毁的数量惊人，一年数十万缗。三是铜钱流入金人地区。在战争期间，南宋与金的商业联系曾受到一定的影响，但绍兴和议以后，双方贸易又有恢复。南宋先后在盱眙（今属江苏）军（州级政区，地位较低于州）等地设过榷场（互市市场）；金朝也在泗州（今江苏洪泗东南）等地设有对宋贸易的榷场。民间走私贸易也不少。南北人民通过海上或潜越淮河互通有无。由于全国铸钱不多，主要使用唐宋旧钱，故要尽力争取南宋铜钱流入。南宋政府虽一再防止，终无法制止这一趋势。当时襄阳府的榷场，每一名商人入北方金界交易，金人先收钱一贯三百文，住宿和交税也要收钱。这样，一人入金人地区交易，就要流失现钱3贯。日积月累，数目巨大。到绍兴末年，"缗钱之入敌境者，不知其几"。四是铜钱流向海外。南宋时期，北方为金人统治，陆路的对外贸易受阻，而海外贸易却日益发达。南宋在广州、泉州、明州（今宁波市）等地设有市舶司，其贸易的国家，自西太平洋到印度洋、波斯湾，加上高丽和日本，共50余国家。进口商品400余种，出口的除丝绸、瓷器等外，还有金银和相当数量的铜钱。在与海外诸国贸易中，外国人得中国铜钱，都要贮藏起来，作为宝货。所以去外国的人都要带足铜钱，而外国货也非有铜钱不肯出售。当时铜钱外流最多的地区是交阯（今越南）、日本。

南宋政府针对上述情况，即所谓"钱荒"，采取一系列对策。

首先，实施铜禁和搜刮铜器。这是针对销钱为器和私铸、蓄藏而采取的措施。绍兴六年"悉敛民间铜器以铸钱，又诏私铸铜器者徙（流放）二年"，但收效不大。二十八年，宋高宗亲自带头，将宫中1500件铜器送到铸钱司熔化，接着，就大收民间铜器，除铜镜、寺观中铜像和铜磬允许登记保留外，其余铜器限一月内送到官府，违者有铜10斤以上流放二年。最后共搜刮到铜200万斤，仍不能解决问题。庆元三年，宋廷再次下令：若用铜钱铸造器物，一两杖一百，一斤加一等，工匠送去铸钱充劳役，八斤发配本城，十斤发配五百里。尽管处罚更为严厉。但实际效果不大，徒然引起社会及百姓的动荡和不安。

其次，禁止铜钱外流。包括两个方面：一是在两淮设禁，防止铜钱流入金国。两淮是宋金榷场贸易的中心和民间走私活动最频繁的地方，也是铜钱北流的大缺口。针对铜钱走私严重，南宋乾道三年（1167年）下令："沿海沿淮严行禁绝"，如捕获人贩运铜钱，处以重罚。同时规定:"官司铜钱不得任意载入海船,如有违犯并重处罚。"对盱眙这个最大榷场,制定了严密的过界检查制度,严禁携带金银钱过境。二是防止铜钱流入海外。南宋对海道的禁防也甚严。"铜钱入海五里,尽没其资"。

总之,为防止铜钱流入金国和海外,南宋政府一再下禁令,但实际作用不大。为了解决铜钱缺少的问题,南宋政府只好乞灵于发行纸币。

4 中国货币史的新阶段
——纸币的产生

中国是世界上使用纸币最早的国家。汉武帝元狩四年(公元前119年)就发行过"白鹿皮币",东汉用过以布为材料的布币,唐代的"飞钱"则在异地使用,发挥有限的货币作用。这些都是纸币的雏形。宋代的"交子"是国家的正式纸币,它比欧洲各国的纸币早数百年,表明了中国古代货币文化的先进地位。

纸币纯粹是一种价值符号,是一种象征货币。它的产生标志着中国货币继实物货币和金属货币之后进入到一个新的历史阶段。纸币是靠政府的信用来充当交换媒介,它比以前任何货币都更轻便。纸币的出现本身是一个历史的进步,但却往往被统治者利用,作为掠夺人民、解决财政困难的工具。

中国的纸币产生于北宋不是偶然的。它有以下三个历史条件:

第一，印刷术的发展。印制纸币，从技术条件来说，一是纸，二是印刷术。中国是发明纸的国家，大致在魏晋南北朝时，纸已取代竹帛而成为普遍的书写材料。中国也是最早发明印刷术的国家，唐代后期已出现雕版印刷，北宋是雕版印刷业迅速发展时期，北宋初在成都刻的《大藏经》达13万版。仁宗时已发明了活字印刷术。交子作为货币要防止假冒，相应地对印刷要求较高。交子实物虽已不存，但从史料中我们知道它是用同一色纸印造，版面图案精美，有屋木人物，还有铺户印记和密码花押，红黑套印。这样的印刷，没有比较发达的印刷技术是不可能的。而大量发行又须以铜板印刷来代替木板印刷。这些条件宋朝已经具备。

第二，商业信用关系的发展。唐代出现了"飞钱"，这是最早的汇兑事业，也是社会信用关系发展到一个新阶段的标志。交子的产生与飞钱有关。交子与飞钱都是凭借信用，两者的区别只是飞钱要异地去兑现，而交子在任何地方都可兑现。宋代信用关系比唐代有进一步的发展，飞钱已由官府设便钱务来办理，此外宋代盛行茶盐证券即茶引、盐钞，还有香药交引、矾交引等。所有这类有价证券与纸币性质已很相近，它对交子的产生无疑起了促进作用。

第三，商品流通与货币经济的发展。宋代的商品货币经济有较大的发展，从而引起对钱币需要的激增。北宋的铜钱不能满足需要，铁币太笨重，绢帛大致已不再作为货币流通，而白银则还未成为流通中的主要货币，在这种情况下，纸币也就应运而生了。

纸币首先在四川出现也并非偶然。这是因为在北宋时四川是专门行使铁钱的地区。但铁钱价值低而分量重。宋朝铜钱每贯约合今 3 公斤，而小铁钱一贯重 3.9 公斤，大铁钱一贯重 7.2 公斤，铜钱和铁钱的比价一般是 1∶3，有时是 1∶1.5，在四川地区最高曾出现过 1∶14。当时买一匹布要铁钱 2 万，需用车载。在这种情况下，人们不得不另找方便的流通手段，这是促使纸币产生的直接因素。

"交子"意即"交合"、"合券取钱"，与后来"会子"意为相会、"关子"意为相关语意相同，都是当时对票据兑换券、证券一类的俗称。"子"为四川方言。

交子最早为民办，约产生于太宗淳化年间（990～995 年）。淳化五年，四川发生李顺暴动，民间钱更少，私下以交子为流通手段，结果奸弊百出，纠纷增多。这时的交子，券上无交子字样，金额是填写的。到宋真宗景德初年（1004 年左右），由成都 16 家富商联合建立交子铺，或称交子户，发行交子。这时用统一色纸印造，金额同样是填写的。交子兑钱时每贯收取工墨费 30 文（一说 20 文）。一次发行的有效期为 3 年，称一界，到期换新的。在收割季节，交子户利用交子去低价收购粮食，获取厚利，广置房屋田产。结果伪造者纷纷出现，因它比私铸铜钱更不需要成本。这样，一方面出现争讼，另一方面兑换也发生了困难，以至出现兑钱时聚众争闹，而交子户闭门不出的现象。后来每一贯只能兑得七八百文，矛盾激化，引起了政府的关注和干涉，导致了交子的官办。

天圣元年（1023年），薛田为知成都府事，主张交子官办，于是成立了益州交子务。第二年发行官办的交子。这是第一次由国家正式发行纸币。官交子大小形状与以前相同，加益州交子务铜印。其面额初为1～10贯，仁宗宝元二年（1039年）改为10贯与5贯两种，神宗熙宁元年（1068年）又改为1贯和500文两种。用铜版印刷，十分精美。交子分界发行，3年为一界，界满以新交子收回旧交子。每界发行额控制在125万余缗，以四川铁钱为钞本，共36万缗，为发行额的28%。初期，交子币值较稳定，官府对交子的流通不加限制，可以用作交租税等，到仁宗庆历四年（1044年）、七年及皇祐三年（1051年），因西北用兵，财政困难，益州交子务在陕西发行无钞本的交子60万贯以充军费。这是交子第一次超出了印付数字。到神宗熙宁五年，交子的使用期限延长，改为两界交子同时流通，以致四川交子发行过多，引起贬值，但贬值的幅度大致在10%以下。哲宗绍圣年间（1094～1098年），因对西夏用兵，在陕西沿边籴买粮食和募兵，增加每界交子的发行额。从1406340贯，直达到1886340贯。由于两界并行，实际上等于加倍数。其数额为神宗以前的3倍。这样，交子的膨胀便十分显著了。徽宗时，蔡京当权，政治腐败，政府滥发交子以搜括民财。这是北宋交子的一个重大转折期。从此通货严重膨胀，交子已完全丧失信用。

徽宗崇宁四年（1105年），把交子改名为"钱引"，以代盐钞。钱引的印刷按新样，只有四川仍保持交子旧法。当时除闽、浙、湖、广和东京开封府外，要求各路都通行钱引。大观元年（1107年），四川交子务改为钱引务，于是河、湟的兵费全仰发行纸币解决。交子的发行额从120余万缗增加到26556340贯。由于两界发行，其数相当于神宗以前的42倍。结果是通货严重贬值，有的贬值3/4，在川陕路山区的威州，甚至贬值90%。物价飞涨，民怨沸腾，纸币信用扫地，北宋政权也到了灭亡的边缘。

南宋时，纸币又有了广泛的发展。当时纸币的行使已遍及东南各路、淮南淮北、湖南及四川各地。这一方面是为了适应东南地区商品交换和贸易的客观要求，另一方面也是南宋政府借助于此来解决军费开支和财政困难。南宋的纸币主要有绍兴初年的"关子"，绍兴末年的"会子"，孝宗时先后在各地发行的地区性"会子"。

关子启用时和飞钱相似。绍兴元年（1131年），朝廷为对付婺（音wù）州（今浙江金华）地区的军事开支，就召商人向婺州官府交现钱领取关子，持此向杭州榷货务（掌金帛等官署）兑取现钱，也可换取茶引、盐引、香货钞引，领取现钱的称为"现钱关子"，但行不久即停止，因政府不守信用，每日只能付给兑换总数的1/3，有时还要等待，造成"人皆怨嗟"。地方政府又以关子强制摊派购办粮草，商民都不愿领用，造成关子衰落。

会子最早也起于民间，或称"便钱会子"，是钱票一类东西。绍兴初年,在临安大地主的主持下,置便钱会子。当时一些山僻小郡如徽州等地民间就曾使用这类会子。到了绍兴三十年(1160年),南宋政府见有利可图,再加当时铜钱缺乏,就将发行会子的权利收归官府,改为官办。开始印行的数量不多,与铜钱并行。次年二月,在临安设"行在会子务",后隶于都茶坊(掌给卖茶引等官署),完全按照四川交子之法推行到东南诸路。凡是上供和军需,都与铜钱相同使用。起初行于两浙,后来通行到两淮、湖北、京西地区。面额最初以一贯为一会,后在隆兴元年(1163年)增发二百文、三百文及五百文3种。为防止伪造,制定了"伪造会子法":犯人处斩,告发者赏千贯,不愿受者补进义校尉(无品武阶官名)。在漕运不通处,上供等钱可以尽输会子,沿河的州军,也可钱和会子各半通用,民间买卖田宅、牛马、舟车等可完全用会子支付。因此,南宋初会子能代替铜钱流通。它不仅带动了商品货币经济的发展,而且对阻止铜钱外流起了一定的作用。

在宋孝宗以前,会子发行额还有所控制。孝宗淳熙三年(1176年)开始两界并行,光宗绍熙元年(1190年)又曾三界并行。到宁宗开禧年间,平章军国事韩侂(音 tuō)胄之流为从对金战争中捞取政治资本,大量发行纸币作为军费,从此发行额扶摇直上。会子开始发行时,每界发行额为1000万贯,孝宗淳熙年间(1174～1189年)2400万贯,宁宗开禧年间(1205～1207年)1.4亿贯,嘉定年间(1208～1224

年）2.3亿贯,理宗绍定六年（1233年）3.2亿贯,嘉熙四年（1240年）5亿贯,淳祐六年（1246年）6.5亿贯,其后果是物价上涨,币值下降。此后,右丞相贾似道独揽朝政,景定五年（1264年）造"金银见钱关子",又称"银关"、"金银关子"。他利用理宗之死和度宗继位的空隙,矫诏废除旧会子。新的纸币一贯值旧会子3贯。但贾记关子发行以后,"诸行百市,物价踊贵"。米价飞涨,市面上只见纸币不见米。旧会子200贯还买不到一双草鞋。后来,蒙古兵已占领长江中游,宋室仍继续滥发。一贯会子已不值一文铜钱。这时,南宋政府也已到了崩溃的边缘。有人说"楮（纸）币蚀其心腹,大敌剥其四支",形象地说明滥发纸币与南宋亡国的关系。

南宋还有几种地方性纸币,如川引、关外银会子、铁钱会子、淮交（两淮交子）、湖会（湖广会子）等。这些纸币,或是出于筹措军饷,或是出于防止铜钱流入敌国。但由于不断发行,缺乏准备金保证,最后也和会子一样,导致贬值。

5 白银货币地位的增强

隋唐时期,铜钱成为主要货币,白银虽未取得法定货币资格,但在许多方面已起到货币的作用。两宋实行金银、铜铁钱、纸钞3品并行的币制。黄金的数量大为减少,多为贮藏财富。白银则在更多方面发挥着货币职能,已取得部分法偿货币的资格。可以说,这时期已经达到了中国古代货币的银本位制度的前夕。

宋代白银在货币中的重要地位,可从国家财政收入中白银比重的增加表现出来。北宋天禧末年(1021年),财政收入中钱为2653万余贯,金为14400两,银为883900余两。神宗熙宁、元丰年间(1068~1086年)的年总收入中,钱为6000余万贯,金为37985两,银为2909086两。钱增长2.26倍,金增长2.63倍,银增长3.29倍。银在财政收入中增长得最快。

宋代白银的货币地位的增强具体表现在:一是交租纳税。太平兴国五年(980年)规定,民租应当交钱者,允许交银。景祐二年(1035年)下令"身丁钱"交银。又令福建、两广税收原来交钱的改为交白银。这是决定税收用银的开始,也说明白银成为法定的货币。二是专卖收入。宋代盐茶等专卖收入,往往钱与银同时收纳。真宗大中祥符八年(1015年),朝廷有关部门奏请诸路榷酒课(即酒专卖税),都改收银。三是官俸政费。绍兴三十一年(1161年),由于左藏西库,见钱不多,所以朝廷规定,所需的钱,以白银、会子搭发。文武百官俸,六成折银,四成用会子;军内五成折银,三成用铜钱,二成用会子。四是军费。景德元年(1004年)九月,下诏出内库银30万两,付三司,送天雄军购买军粮。景祐四年(1037年)七月,下诏三司出银15万两下河北路,绢10万下河东路,助买军粮。五是赏赐。太平兴国三年七月,赐武宁节度使陈洪进白银万两,给他购买住宅。十月,赐齐王银万两。南宋建炎四年(1130年),以3万两银赐韩世忠军。六是赈灾。宝元二年（1039年）九月，出内库银4万两购粟，以赈益、梓、利诸路饥民。庆历四年（1044年）二月，出奉宸库银3万两，赈陕西饥民。七是对外贸易和赔款用银。宋对外贸易以及边境互市多用金银作结算。赔款即所谓"岁币"、"岁赐"也多用银。北宋澶渊之盟后，每年给契丹银10万两。南宋绍兴和议后，给金"岁币"银25万两。八是收兑会子。九是制造器皿。宋代官府制作金银器皿的是文思院，分工很细，有42作。私家制作的作坊更多，大小城市都有金银铺。金银铺又称金银交引铺、交引铺、金银盐钞引铺、钞引铺等。它一方面加工金银饰物，另一方面也经营金银的买卖和兑换业务。十是贮藏。宋代金银作为宝贵的财富被人们贮藏。如《夷坚志》载：福州余丞相贵盛时，家藏金多，都以银百铤为一窖，以坚土覆盖其上。从以上10个方面可以看出，无论是作为财政收入、支付、贮藏，还是外贸用银等各方面，白银的货币作用比起隋唐来已大为增加。宋代白银货币地位增强的原因：一是宋代货币不统一，有铜钱、铁钱，有各种地方性纸币，而且货币严重贬值，使本身有较高价值的白银的货币地位加重。在宋代只有银、绢可以作为货币在全国通行。二是受了中亚细亚用银的影响。宋代给契丹、女真等岁输都用银，而这些邻近民族需要银是因为他们与通行白银的西域有贸易关系。三是宋代商品经济和商业比前代有较大的发展，尤其是对外贸易的兴旺，更需要使用白银。但是，宋代民间用银表示物价，小额交易用银支付还较少见。这说明白银还未充分发挥出货币中价值尺度和流通手段的职能。因此，白银还不是十足的货币。

宋代银的形式，最普通的是铤形。"铤"后来在民间逐渐改为"锭"，其形式和唐代长条版状不同，而是两端大，中间小，上下呈凸出的弧状，中间呈束腰形弧状。锭上记有地名、用途、重量、官吏及匠人姓名等。银锭有大有小，最重的有今秤60两，也有30两、14两。最小的仅3两半。1955年在湖北黄石市出土一批宋代银锭，共293件，约重3400两。宋代官方和民间还流行有金银钱，这主要作为赏赐、馈赠等吉祥物。

七 纸币的通货膨胀

辽代的货币

辽（907～1125年）是契丹族建立的国家。它是继北魏之后又一个由少数民族统治中国北部的王朝。其时南边是北宋、西部是西夏，形成三方鼎峙的局面。

契丹族原是一个游牧民族，后受到北宋经济和文化的影响，农业、手工业和商业都有所发展。上京临潢府（今内蒙古巴林左旗）、中京（辽宁辽城西大名城）、东京（辽宁辽阳市）、南京（今北京市）、西京（今山西大同）成为商品主要集散地。上京分皇城和汉城，汉城的街道上有不少商店，其中有的为回鹘（音hú）（唐代西北的少数民族）所经营。中京有外城、内城、皇城3重。外城的街道上有300余家商店。东京是辽东地区商业都市。南京城北有市，十分繁庶。这些城市既是行政首府、军事重镇，又是工商业中心。

辽在建国以前，长期存在着物物交换。草原上的交易一般以羊为价值尺度和交换媒介。官吏的俸禄也用羊，称"俸羊"。随着经济的发展，通货的形态又有了布帛、金、银等。统和十三年（995年）、咸雍七年（1071年）一再下令禁止在交易中使用短狭不合规格的布帛。应历十八年（968年），穆宗耶律璟在上京观灯，曾用银购酒。

辽国使用铜钱的主要是在南部汉人聚居地区，大多是用唐、宋钱。儿皇帝石敬瑭曾向契丹贡献沿边所积钱。在宋辽榷场贸易中，由北宋统治区输入辽国的铜钱不少。如河北榷场每年买契丹羊数万，需化铜钱40余万缗。由于辽国使用的铜钱主要来自宋境，所以辽、宋双方都禁止铜钱出境。

从近年的考古发掘中也可以看出，在辽境使用的铜钱主要是唐宋钱。1972年在上京临潢遗址及其附近出土一窖铜币，重280公斤，共有6万多枚，其中以汉、唐、五代、宋币为多。辽币有9个年代11种。1959年，在北京南郊发现辽赵德均墓，赵是后晋人，降于契丹。墓室左后室的东西两壁下发现两堆铜钱，较完整的有73900余枚。其中主要是唐"开元通宝"钱，还有"会昌开元"、"乾元重宝"、"乾元通宝"，以及大小不一的私铸钱和两汉以来的铜钱。这表明幽云地区在辽前期主要使用唐钱。

宋辽澶渊之盟（1004年）后，辽国大量使用的是宋钱，宋钱主要是从对外贸易中获得。这在大明城的文物发掘中得到了证明。1956年，在昭乌达盟宁城县大明城辽中京城内及西城外出土有一黑色陶罐，其中盛有各种年号的宋钱。

辽国何时开始铸钱，不易确定。大概在耶律阿保机之父撒剌为"夷离堇",即政治、军事首领时,因土产多铜,开始自铸铜钱。阿保机时(907~926年),国家有很大变化,他任用汉人,改革习俗,建筑城郭,发展农业和商业,开始铸钱是可能的。现在传世的辽年号钱"天赞通宝",即是阿保机时所铸。以后,到太宗耶律德光时(927~947年),专门设置五冶大师来管理冶铁和铸币工作。景宗耶律贤时(969~982年)设铸钱院,每年铸钱额500贯。到圣宗耶律隆绪时(983~1031年),在潢河北阴山及辽河之源各得金银矿。金银铜铁等矿的开采,为铸币创造了先决条件。

辽代铸币可考见的有,"天赞通宝"(922~925年),"天显通宝"(926~938年),"应历通宝"(951~969年),"保宁通宝"(969~979年),"乾亨元宝"(979~982年),"统和元宝"(983~1011年),"开泰元宝"(1012~1020年),"太平元宝""太平兴宝""太平通宝"(1021~1031年),"重熙通宝"(1032~1055年),"清宁通宝"(1055~1064年),"咸雍通宝"(1065~1074年),"大康通宝""大康元宝"(1075~1085年),"大安元宝"(1085~1095年),"寿昌元宝"(1095~1101年),"乾统元宝"(1011~1111年),"天庆元宝""天庆通宝"(1111~1120年)。

以上20种辽国钱币不少有考古发现。1967年,在黄石市发现一宋代窖藏,有"大康通宝"和"大安元宝"钱。

辽国钱制的特点,一是都是年号钱;二是大多为

七 纸币的通货膨胀

形制相似的小平钱,一般径2.4厘米,重3~3.5克,大钱较少;三是铸造数量不多,年铸500贯;四是制作粗糙,钱背常有错范,文字也不好,甚至一钱有两种字体;五是契丹虽然有自己的文字,但钱币上全用汉文,反映出受汉族文化影响较深。

辽后期,商业和货币经济都有相当的发展。圣宗开泰二年(1013年),下诏饥民被典质男女的,每天以佣钱10文计算,做到还债的数额,就应放回家。这是在用钱来计算工资。米粟也用钱计价。道宗初年丰收,春州(属上京道,在今吉林省)"斗粟六钱"。在纳税时,出现钱与实物互相折纳,或钱折绢,或粟折钱。商业在五京及各州县都比较繁荣,人口聚集处形成大小市镇。白银在经济生活中已占重要的地位,起到一定的货币作用。这不仅是辽境内银的矿藏丰富,采冶业发达,而且由于澶渊之盟后曾从宋朝取得大量岁银。总之,辽国虽然钱币铸得不多,货币经济还是有一定发展的。

西夏的货币

西夏(1038~1227年)是党项拓跋氏所建王朝。立国近200年,都城在兴庆府(今宁夏银川东南),最盛时辖22州,包括今宁夏、陕北、甘肃西北部、青海东北部和内蒙古一部分地区。居民中党项、藏、回鹘人主要从事畜牧业,汉人主要从事农业,与宋经济文化联系密切。李元昊(音hào)建国后,与北宋达成协议，西夏向宋称臣，宋岁赐夏银72000两，绢153000匹，茶3万斤。西夏与宋的贸易频繁，西夏向宋输出口的主要有战马、青白盐、驼、牛、羊等，宋则用绢、银、茶等进行交换。官民人等在官府设立的榷场进行贸易。宋先后设置的有保安军（今陕西志丹县）、镇戎军（今宁夏固原）两个榷场。在战争期间，榷场停闭，交换主要靠民间走私。

夏在建国以前还处于物物交换阶段，或用些宋朝钱币。建国以后，夏开始铸造钱币。其所铸钱有西夏文，也有汉文。主要有："天授通宝"（1038～1049年），汉文；"福圣宝钱"（1053～1057年），西夏文；"大安宝钱"（1075～1086年），西夏文；"元德通宝""元德重宝"（1119～1127年），汉文；"天盛元宝"（1149～1170年），汉文；"乾祐元宝"，汉文，"乾祐宝钱"（1170～1194年）西夏文；"天庆元宝"，汉文，"天庆宝钱"（1194～1206年），西夏文；"皇建元宝"（1210～1211年），汉文；"光定元宝"（1211～1223年），汉文。

以上平钱一般径2.4～2.5厘米，重3.2～3.6克。"元德重宝"折二钱，径2.8厘米，重6克。仁宗时，设立通济监专管铸钱事，因此，传世的"乾祐元宝"和"元庆元宝"钱较多，前者更多。这两种钱均有铁钱。西夏钱在考古中也有发现。1979年，在宁夏盐池出土大批西夏钱币；同年在宁夏贺兰县大凤沟出土的古钱币中有西夏"大安宝钱"2枚、"乾祐宝钱"和"天庆宝钱"各1枚。1980年榆树台也出土"大安宝钱"1枚。

如同辽国一样,西夏境内大量流通的是宋钱。1972年在宁夏银川西贺兰山东麓发掘了可能是西夏神宗李遵顼(音 xū)的陵墓,其中出土的货币除一枚为"光定元宝"外,多数为宋代货币。

西夏钱币的特点,一是有西夏文和汉文;二是有铜钱和铁钱;三是制作精整、文字规矩,反映出较高的经济文化水平。

8 金代交钞的通货膨胀

金朝(1115~1234年)是女真族完颜阿骨打建立的王朝。初建都会宁(今黑龙江阿城县南),天德五年(1153年)迁都中京(今北京市),贞祐二年(1214年)又迁都汴京(今河南开封)。1125年灭辽和1127年灭北宋后,占有了辽国旧境及黄河以北广大地区,与南宋形成了对峙的局面。

金朝建立后,经过太宗、熙宗和海陵王的几次改革,到世宗完颜雍在位(1161~1189年)时,全面实行汉化,国家的封建化和社会经济都有了较快的发展。1187年,全国人口增加到768万多户,4581万余人。农业上,粮食产量增加,手工业方面纺织、制瓷、造纸、印刷均有一些著名产品。在农业、手工业的基础上,城市和商业也发展起来。除了都城外,各地大小城镇迅速兴起。世宗时,中京的商税额为164000贯,章帝永安初增加到214000贯。在金宋间进行官私贸易的主要是榷场互市，大定时（1161～1189年），金朝的泗州榷场，每年收税3万多贯。

适应商业发展的需要，货币经济也恢复和发展起来。金朝币制的演变，大致可以3个建都时期分为3个阶段：会宁时期，主要使用宋辽钱币，无独立币制；中京时期，是钱钞银并行时期；汴京时期，是通货膨胀恶性发展、经济全面崩溃时期，主要使用铜钱、白银、交钞。

（1）铜钱。金建国之初，主要使用辽宋旧钱。海陵王完颜亮迁都中京后，才有了自己的货币。正隆二年（1157年）设三钱监，铸铜钱"正隆通宝"，径2.5厘米，重3.4克，制作精良，文字工整，与旧钱并用。此后金的钱币都用汉文。世宗大定八年（1168年），禁止民间铸钱。大定十八年（1178年），在代州（今山西代县）设钱监，铸造"大定通宝"钱，比较精良，相传略用微银。径2.5厘米，重3.5克，背有"申"、"酉"等字纪年。折二钱径3.3厘米，钱文仿瘦金体。大定二十年（1180年），在代州设阜通钱监；二十七年（1187年），又在曲阳设利通钱监，此二钱监每年铸钱14万贯。章帝泰和年间（1201～1208年），铸"泰和通宝"和当十的"泰和重宝"。此后，卫绍王崇庆元年（1212年），铸有"崇庆通宝"和折五的"崇庆元宝"。至宁元年（1213年），铸有"至宁元宝"。宣宗贞祐五年（1217年），铸有"贞祐通宝"。哀宗天兴二年（1233年），铸有"天兴宝会"。

金代铸铜钱，有许多不利因素。一是铜料供应不足。为此，除了禁铸铜器和禁铜出境外，还限额积蓄铜钱。二是生产成本高，"工费高于所得数倍"。由于钱少价贵，加上纸币贬值，造成普遍窖藏铜钱，使铜钱严重不足。在北京顺义、陕西耀县、黑龙江泰来塔子城、张家口下花园等地都曾发现金代窖藏铜钱。顺义窖藏约5万多斤，耀县3000多斤，塔子城窖藏700余斤，下花园窖藏300余斤。这些钱大多为宋、辽及金时所造，也有宋以前旧钱。这说明，金代流通的铜钱中，辽宋旧币占很大比重。

（2）银币。金代白银也作为货币流通。承安二年（1197年）以前，银以锭来计算，银锭多作束腰形，重如10两、50两。黑龙江阿城县曾出土银锭，重1750克，面有作坊、工匠、检验官戳记，背有蜂窝状凹坑。1981年，陕西澄城也出土两锭，分别标重49.65两和49.75两。当时，大宗买卖，如买马就用银两。承安二年（1197年），政府正式铸造银币，名为"承安宝货"，分为一两至十两共5等，每两折钱二贯。由银锭到法定银币，是一大进步。汉武帝时的白金三品，即以银锡合金造的圆形龙币、方形马币、椭圆形龟币，是见于文献的最早法定银币，但它只是虚币。"承安宝货"则是中国货币史上第一次政府正式铸造的银币。但是，此币铸造不久，因无明确规定，掺杂铜锡、伪造私铸现象也随之而起，因而，流通渐渐滞钝，京师商人则为之罢市。这样，到承安五年十二月便停止流通。此后，由于纸币不断贬值，民间白银的使用就更为普遍。

(3) 交钞。金朝纸币的发行比铜钱早4年。海陵王迁中京后，贞元二年（1154年）五月，因铜少，铸币有限，户部尚书蔡松年依宋法，设印造钞引库，印造交钞和盐钞、盐引（盐商缴款后领盐运销的凭证）。这是金朝第一次发行纸币。大钞分1、2、3、5、10贯5等，小钞分100、200、300、500、700文5等，与铜钱一并使用。交钞的形制有花纹边栏，中间写贯数，左有某"字料"，右有某"字号"，上书"伪造交钞者斩，告捕者赏钱三百贯"。以7年为一界，界满兑现或旧钞换新钞，这是仿宋交子的做法，只是每界延长4年。

交钞最初通行于黄河以南，主要是为吸引宋代铜钱。到世宗时，交钞也流通到河北及辽东，其货币地位日益重要。起初因市场流通的主要是铜钱，交钞发行量不大；后来发生了铜钱退藏，交钞渐多，开始了通货膨胀。从章宗即位（1190年）起，交钞取消7年为界的规定，成为长期流通纸币，只有文字磨灭模糊，才能以旧换新。同年，停止铸造铜钱。明昌四年（1193年），官俸全发交钞，通货膨胀加剧，引起不满和议论。为控制局面，政府严禁议论交钞，又用种种办法限制铜币，而使钞币流通。承安三年，令西京、北京、临潢、辽东等路一贯以上俱用钞，不许用钱。商旅携带现钱，不准超过十贯。泰和六年（1206年）宋金战争发生，交钞在陕西不能流通。稍后，因辽东咸平、东京两路系商旅集散地，也改为一贯以上皆用交钞，不得用钱。于是，在市场上流通的都是纸币，铜钱被纸币排斥,退出流通领域而贮藏起来。

金宣宗贞祐以后,是金代最后的20年,通货膨胀进一步恶化,经济全面崩溃。贞祐以前,铁木真(成吉思汗)已统一蒙古,不久,移师南攻金国。1211年野狐岭(今张家口东北)一战,金军40万一败涂地,丧失精锐。1214年金宣宗迁都汴京后,统治区日益缩小,税源枯竭,经济凋敝,只好乞灵于发行纸币,通货膨胀更恶化了。贞祐二年(1214年)发行20～100贯面额的大钞,膨胀10倍。接着又发行200～1000贯的大钞,膨胀100倍。结果每贯交钞不值一个铜钱,民间交易多用现钱。商人们因钱少而纸钞屡变,纷纷破产,称为"坐化"。贞祐三年七月,改旧交钞为"贞祐宝券",由于军费庞大,钞值猛跌,政府实行限价,商人罢市。一年后"宝券"一贯只值几文钱。贞祐五年二月,发行"贞祐通宝",一贯当"贞祐宝券"1000贯,政府公认币值下跌到1‰,又规定"通宝"4贯值白银一两,折成"宝券"4000贯,"宝券"又跌成0.5‰。兴定五年(1221年),白银一两已可换"贞祐通宝"800贯。次年,即元光元年,发行"兴定宝泉",每贯折"贞祐通宝"400贯,2贯值银一两。元光二年,改发绫印制的"元光珍宝"和"元光重宝"。印行不久,银价日贵,"宝泉"日贱,百姓交换只以银论价。政府为了抑银推行"宝泉",规定银一两换"宝泉"不得超过300贯;凡价值银三两以下的买卖不许用银,三两以上,1/3用银,其余用"宝泉"、"珍货"、"重宝"。此令一下,"市肆昼闭,商旅不行"。

天兴二年（1233年）十月，又在蔡州印行"天兴宝会"，分1、2、3、5钱4等。但不久，金国就灭亡了。

金朝的通货膨胀在中国货币史上是比较突出的。其原因，从客观上说，金朝前期，靠战争中掠夺及宋朝的岁币弥补财政的不足；而金朝后期，由于军费支出浩大，皇室贵族奢侈，财政困难的弥补，就只好乞灵于发行纸币。从主观上说，金统治者迷信权力意志，认为凭借君主权力就可以任意规定纸币价值，并通行无阻。但是，滥发纸币反而加速了自己的灭亡。金后期的史实给人们留下了一个深刻的历史教训。

4 元代的钞法

元代（1271～1368年）是由蒙古族所建立的政权。蒙古族原为中国北方的一个游牧民族，到铁木真（成吉思汗）时才统一蒙古各部，建立国家。此后不断壮大，向外扩张。1234年灭金，1279年灭南宋，到元世祖忽必烈建立元朝时，已成为一个横跨欧亚，幅员辽阔的大帝国。其都城是大都（今北京市）。在经济上，元代由于蒙古族把他们落后的生产方式带到中原，使中原地区的经济受到一定的阻滞，但商业却很发达，奢侈品如香料、珠宝、金银器的贸易十分兴盛，对外贸易也很繁荣，泉州、广州是重要的海外贸易港市。在商品经济发展的基础上，元朝建立了以纸币为主的货币制度，这在中国古代是比较独特的。元代的纸币称为钞，行用纸币的制度称为钞法。元代的纸钞经历了中统钞、至元钞、至正钞3个阶段。

（1）中统钞。在元建国前，有一个纸钞仿行时期。成吉思汗晚年，发行过纸币，例如何实在博州（今山东聊城）发行过会子，以丝为钞本，称"博州丝会"。太宗八年（1236年）发行过交钞，可称"太宗银钞"。宪宗元年（1251年）立银钞相权法，用白银来维持钞价。后设交钞提举司，管行钞事宜，史称"宪宗银钞"。

元世祖忽必烈即位之初就想建立统一的纸币制度。中统元年（1260）七月，印造过通行交钞，以丝为本，"丝钞"二两，值银一两。十月，又印"中统元宝宝钞"，简称"中统宝钞"，钞面以文为单位，有10文、20文、30文、50文、100文、200文、300文、500文、一贯文省（1000文）、二贯文省（2000文）10等，不限年月，诸路通行。以银为本。宝钞一贯等于丝钞一两，二贯等于白银一两。1965年在陕西咸阳曾发现中统钞两件，其一面额"壹贯文省"，长26.4厘米，宽18.2厘米；其二面额"伍百文"，长24.4厘米，宽16.9厘米。

中统钞发行之初，制钞权专属于朝廷，由户部主管，下设宝钞总库、印造宝钞库和烧钞东、西二库，地方上有诸路宝钞提举司，这些都是专门管理货币的机构。规定以金银为本，钞本不许亏欠和挪用。各路又设平准库，准许民众以钞兑取金银，只要扣去3%（后为2%）的手续费。政府还把税收作为纸币回笼的保证。原来赋税交纳白银和实物的，均可以用钞交付。

由于吸取金末通货膨胀的教训，元初对纸币发行量是严格控制的，中统元年7万多锭，二年3.9万多锭、三年8万锭、四年7.4万多锭，至元元年（1264年）8.9万锭，六年2万多锭。至元六年以前，10年共发行了70万锭。当时人刘宣说：印造中统元宝后，稍有积滞，就出银收钞，政府官员日夜战战兢兢，如同捧了一个破罐，惟恐失手坠破。因此，行之十七、八年，对钞无多贬值。由于重视钞本，对发行采取了有节制的慎重态度，使元初中统钞币值稳定，物价也相对得到控制。

中统钞是元代重要的货币，在元代始终通用。它的发行，不仅促进了各地的商品流通，而且影响到波斯、印度等国的通商城市也仿效中国发行纸币。可见，元代的纸币在世界货币发展史上居于重要的地位。马可·波罗曾惊讶地说："凡州郡国土及君王所辖之地莫不能行。……用纸币以给费用，以购商物，以取其售物之售价，竟与纯金无别。"（《马可·波罗行纪》第95章）中统钞的发行，标志着元代以纸币为主的货币制度的确立。

但中统钞信誉较好的时期仅在元初近20年间，到元世祖后期，由于海外战争，军费激增，王室贵戚生活奢侈，财政开支的扩大，对诸王的赏赐增多和佛事奢靡等原因，使通货膨胀发展起来，并形成愈演愈烈的趋势。

（2）至元钞。由于中统钞信用降低，不能维持原定金银比价，于是在至元二十四年（1287年），忽必烈又颁行新钞"至元通行宝钞",亦称"至元宝钞"。钞面分5文、10文、20文、30文、50文、100文、200文、300文、500文、一贯文（1000文）、二贯文（2000文）共11等,与中统钞并行,每贯当中统钞5贯,二贯当银一两,赤金一钱。至此,也就是承认中统钞贬值4/5。在陕西咸阳发现两件中统钞的同时,也发现至元钞一件,长27.5厘米,宽19.6厘米,面额二贯。至元钞前后通行60多年,是元代纸币中流通最长的。忽必烈在发行至元钞时,采纳、颁布了宋降臣叶李的"十四条画",即"至元宝钞通行条例"。这条例规定了元代纸币制度的基本原则,其主要思想有：确定以银为本的保证；确定宝钞的法币地位；规定至元钞和中统钞的比价；制定惩治伪造及其他各项作弊的法律等。这是世界上最早的比较完备的纸币发行条例,与现代国家的纸币发行和流通原则已很近似。忽必烈对此十分重视,提到此条例时他对桑哥说："朕以为叶李制定的条例十分重要。发钞所用的是法,所贵的是信,你等不要轻视它。钞本不可失,你等要切记!"充分强调了货币的信誉和钞本的重要性。

在至元钞流通期间,武宗至大二年（1309年）九月,曾发行面值较高的"至大银钞",规定了纸币和白银之间的联系。钞面用银计值,自二厘至二两,共分13等。一两合至元钞5贯,中统钞25贯,白银一两,黄金一钱。次年,印造新钞145万锭。四年,武宗死,仁宗即位,因倍数太高,轻重失宜,废至大银钞,已发行者可倒换中统钞、至元钞。

（3）至正钞。元顺帝至正十年（1350年），元政府发行"至正交钞"，又称"中统元宝交钞"。钞文为"中统交钞"，大概是用中统交钞的旧钞板，重新印造，加盖"至正印造元宝交钞"的印记。新钞一贯合至元宝钞二贯，二钞并行流通，并铸造"至正通宝"钱与历代铜钱并用。一贯新钞合铜钱1000文。

这时已是元末，通货膨胀严重。破坏币值稳定的首要原因是纸币的准备金被动用。元初规定，"钞本"分文不动。大致从至元十七年（1280年）起，纸币开始贬值。当时回回人阿合马当权，他为讨好皇帝，将各路平准库中金银尽数运到大都，又禁用铜钱，于是物价腾贵，宝钞贬值。此后，动用钞本更甚，成宗时诏令诸路平准交钞库所储银93万余两，除留下19万余两外，全都运到京师。大德三年（1299年）中书省报告：近年公家所费，动辄巨万，岁入之数，不及一半，其余都借及钞本。钞本被动用，纸币失去信用，必然贬值。

由于军费、官俸、赏赐、奢侈等原因，财政入不敷出，在动用钞本的同时，又靠发行宝钞来弥补。至元二十四年（1287年），发行509万余锭。至正钞发行不久，物价飞涨10倍。当时正值国内大乱，军费浩大，于是"每日印造，不可数计，……公私所积之钞，遂俱不行"。有一首民谣说："堂堂大元，奸佞擅权，开河变钞祸根源，惹红巾万千"，深刻地说明了元末纸币贬值与元朝灭亡的关系。

元代的货币主要是纸币，但也铸造过铜钱，主要有:"大朝通宝",统一中原前铸,汉文;"中统元宝"(1260年),汉文;"至元通宝"(1285年),汉文、蒙文;"元贞通宝"(1295～1297年),汉文、蒙文;"大德通宝"(1297～1307年),汉文、蒙文;"至大通宝"(1310年),汉文;"大元通宝"(1310年),蒙文;"皇庆元宝"(1312～1313年);"延祐元宝"(1314～1320年);"至正通宝"(1341～1368年),汉文、蒙文。

元代铸造铜币的本意是辅助银钞。由于铜产量少,生产成本高,所以铸造有限,流通不多。为了保障纸币通行,政府曾屡次废止铜钱:至正十四年,禁江南行用铜钱;二十二年,下诏搜交铜钱,但效果不明显。元代在海外贸易中有大量铜钱流出,如至正元年,日本将军足利直义派了两条船来中国贸易,规定不管赚钱与否,回去每船要交铜钱5000贯,以建造天龙寺。以后每年派遣,称天龙寺船。为此,政府多次下令禁止带铜钱越海互市贸易,但实际上铜钱仍流出不少,输往日本尤多。

元代,白银的货币地位在唐宋的基础上又前进了一步,全国普遍用银。元初的中统钞,以银为本位。后武宗时发行至大银钞,面额均以银两计,又规定纸钞与金银的比价。虽然元代纸币基本上是不兑换纸币,但名义上还是有钞本。为稳定币值,政府禁止金银买卖和出口,把金银集中于国库,但在纸币贬值的情况下,实际上很难做到。元代白银的货币作用日益发展,计价、大宗交易、赏赐、借贷、俸饷、税收都用银表示。元世祖在至元二十七年的诏书中曾提到"金银系民间通用之物"。皇帝多以金银赏赐诸王勋臣，在元曲中也有不少民间用银事例。白银的形态是银锭，从元代起也称银元宝。至元十三年，丞相伯颜攻灭南宋后，在扬州将掠获的银子销铸作锭，以"扬州元宝"为字号。后来政府也铸造，相沿习用。1956年在江苏句容赤山湖边出土两个银锭，束腰状，面文有"平準，至元十四年，银伍拾两"，背铸"元宝"。长14.5厘米、厚3厘米，分别重1895.94克和1897.19克。1967年在河北平泉县也发现有元代银锭。正面铭文有"杨琮伍拾两三分"、"行人王智"，"行人"可能是检验银子成色者。银锭上有倒印"使司"检印一方，另有元代常见官押4处，表明在市场上流通过。

八 白银成为普遍通用的货币

明初的"洪武通宝"和"大明宝钞"

元末农民大起义推翻了元朝的统治,建立起一个新的封建专制主义中央集权的王朝——明朝(1368~1644年)。明王朝农业生产有了更大的发展,商品化程度提高,手工业地域分工更加明显,各地经济联系普遍加强,新的市镇不断兴起,国外市场开拓,整个社会商品经济有了新的发展。在经济发展的基础上,明代的货币制度以银为主,以钱为辅。明前期铸造过铜钱,但主要行用纸币。明中叶以后,白银成为普遍通用的货币,同时也辅之以铜钱。

明代称本朝所铸的铜钱为"制钱",前朝的钱为"旧钱",清代因袭之。故明清两代所铸钱币统称"制钱"。

元朝后期政治腐败,社会动乱,通货膨胀,纸币贬值,民间又恢复了铜钱的使用。一些地方割据势力如韩林儿、刘福通、徐寿辉、陈友谅、张士诚等也曾铸造过铜钱。至正二十一年（1361年），朱元璋接受韩林儿的封号称吴国公时，在应天府（今南京市）铸造了"大中通宝"钱，与历代钱平行，规定400文为一贯，40文为一两，4文为一钱。此一两可能是指交钞。至正二十四年，平陈友谅后，又在江西置宝泉局，铸"大中通宝"钱。今见有平钱、折二、折三、折五、当十共5种，背有纪值或纪地。用"大中"名是因为朱元璋原曾想把国号定为"大中"。

朱元璋建立明朝后，改元洪武，在各省（明改元行中书省为承宣布政使司，习惯上仍称为省）设立宝泉局，与应天宝源局一起，都改铸"洪武通宝"钱。钱分小平、折二、折三、折五、当十5种，正面均为"洪武通宝"，钱背穿右各有纪重：一钱、二钱、三钱、五钱、一两。这些都是中央集中铸造，各省只纪值：一、二、三、五、十，同时纪地，如北平、豫、济、京、浙、福、鄂、广、桂等。小平钱径2.45厘米，重3.4~3.6克；当十径4.6厘米，重34~37克。"洪武通宝"钱规定100%用铜，生铜一斤铸小平钱160枚。

洪武钱铸造的数量不多。洪武八年，因发行宝钞，宝源局停铸，次年各省停铸。此后时铸时停，到洪武二十七年因宝钞跌价，禁用铜钱。有人统计，当时国内有钱炉320余座，年铸19000万文左右。

"洪武通宝"钱的特点，一是过去的钱币或纪重，或称宝，再冠以年号，洪武钱既称宝又纪重；二是洪武钱作为国朝钱即制钱，有一定大小层次及形状、文字标准，不偷工减料。

明初在铸造铜钱的同时，也发行了纸币，即"大明通行宝钞"。这是因为，经长期战争，明初经济比较困难，因铜材不足，无法大量铸造铜钱，而白银一时还未能发展为普遍使用的货币，于是纸币就作为一种过渡性货币而流通起来。洪武七年（1374年），朱元璋设立宝钞提举司。次年，命中书省主持造大明宝钞，面额分100文、200文、300文、400文、500文、一贯6等。钞一贯合铜钱1000文，或白银一两；四贯合黄金一两。洪武二十二年加发小钞，有10文、20文、30文、40文、50文5等。

"大明宝钞"基本上仿宋元纸币，用桑皮纸为料，质青色，外为龙文花栏，上额横书"大明通行宝钞"。内中两旁用篆书写"大明宝钞"、"天下通行"。中在面额下画铜钱。其下半部为楷书："户部奏准印造 大明宝钞与铜钱通行使用 伪造者斩 告捕者赏银贰佰伍拾两仍给犯人财产 洪武 年 月 日"。"壹贯"的票面长33.8厘米，宽22厘米，这是中国也是世界上最大的纸币。

明大明宝钞为政府发行的不兑换纸币。在发行宝钞的同时，禁止民间金银买卖。金银只许向政府换取纸钞。又规定宝钞与铜钱同时流通，商税兼收钱钞，钱三钞七。洪武九年，设立以旧钞调换新钞的"倒钞法"，在各地设行用库收换烂钞，每贯收工墨费30文。后来官吏收税只要新钞，形成新旧钞差价，官吏从中舞弊。在实际交易中，旧钞只抵新钞的1/3或1/2。

"大明宝钞"有两点比前代的纸币进步。一是明代

270多年只用这一种钞票，而且始终集中在中央政府印制发行，使币制有更大的统一性；二是面额以一贯为最高，即使到后期发生通货膨胀，也没有发行大钞。

"大明宝钞"不分界，不限时间，不定发行限额，也没有任何准备金。发行后不久，由于投放太多，导致通货膨胀，纸币贬值。如洪武十八年二月至十二月，10个月共发行宝钞6946599锭，每锭5贯，折合为34732995贯，每贯银一两，折银3000多万两。而当时政府每年只收入几万两，发行额相当于收入的1000倍左右，再加上历年来发行而没有回收的、仍在市面上流通的宝钞数量就更大，其结果必然是币值迅速下跌。

大明宝钞的贬值，在宝钞和铜钱的比价上表现的比较明显。洪武八年，钞一贯值钱1000文；二十三年，在两浙钞一贯值钱250文；二十七年，在两浙、江西、闽、广一带，钞一贯值钱160文；到宣宗宣德七年（1432年），钞一贯只值钱5文；宪宗成化元年（1465年），一贯值钱4文，六年一贯值钱2文；孝宗弘治元年（1488年），一贯值钱1文；到万历四十六年（1618年），大约十贯只值1文。实际上弘治以后，人民在日常生活中只用银和铜钱，钞票已不用了。再从米价来看，洪武时钞一贯抵米一石；永乐元年，十贯抵米一石；洪熙元年（1425年），二十五贯抵米一石；正统九年，一百贯折米一石，可见宝钞贬值之多。

面对宝钞迅速贬值的局面，明政府先后采取了若干措施：第一，禁用铜钱和白银。洪武二十七年，下令收民间钱归官,依数换钞,不许再用铜钱。洪武三十年和永乐元年、二年多次下令严禁金银交易。但这些措施作用不大,反而破坏了自己制定的钱钞兼行制度。第二,实行"户口食盐法"。永乐二年,命令全国成年人每月食盐一斤纳钞一贯,未成年者减半。后来这盐税变成了一种财政收入,宝钞发行数仍在增加。第三,赃罚输钞法。各种犯罪赃罚都折收宝钞,笞杖等罪可以以钞代赎,扩大了宝钞使用途径。第四,增收新税。宣德四年,在京省商贾凑集地、市镇店肆门摊税课,增加了5倍,都令纳钞,又派人在城门收钞。受雇装载的船,根据所载料多少,途近远纳钞。钞关之设自此开始。

以上这些措施,虽然可以收回一些货币,但无法阻止纸币的大量发行及其贬值。而在纸币贬值情况下禁用铜钱和金银,事实上行不通,况且政府的某些税收,如商税、鱼课等就征收银两。最后,政府不得不放弃禁用铜钱和金银的法令。宣德十年,正式解除钱禁;正统元年,解除用银之禁,并将江南、湖广等地的田赋米麦400万石折收100余万两银,称"金花银"。孝宗弘治元年(1488年)以后,顺天、山东、河南等地户口食盐的税也改为收银。嘉靖初(1522年),规定宝钞留在地方,入库全部用银,这就等于宣布宝钞作废。至此,除了官吏军士俸饷还有部分折钞发放外,纸币实际上已不流通,在民间交易和生活中,主要使用的是白银和铜钱。

明中叶,宝钞虽已不能通行,但"钞"字却深入人心。此后以钞代表货币，称"钱钞"、"钞银"、"钞券"，而实际支付的是钱币和银两。

明代银本位制度的确立

中国自宋元以来，白银日益具有货币职能。到明初，虽然推行宝钞，几次禁止金银交易，但民间交易仍以银作价。到明英宗正统元年（1436年）取消用银禁令，白银取得了正式的货币地位，就更广泛地流通起来。在中国货币史上，银本位制至此确立了。

白银在明中叶取得正式货币地位，成为主要货币的原因，主要是因为中国古代商品货币经济发展到这时已经有了明显的变化。农业商品化程度提高，手工业分工进一步扩大，在某些行业，如丝织、矿冶、榨油等业中，已稀疏地产生了资本主义萌芽，出现了以某手工业为专业的城市，如南京的绸缎，松江的棉布，景德镇的瓷器，佛山的铁锅，安徽、湖南的茶叶等。在对外贸易上，贡舶贸易走向衰落，商舶贸易得到发展。这就造成了对白银货币的广泛需要。从明代货币的状况来说，铜钱太少，不能满足需要；纸币太多，贬值严重，人们已不信任；黄金既稀少又太贵重，只有白银才是比较理想的货币。这也是白银取得正式货币地位的重要原因。

白银在明代的作用是多方面的。

（1）计价。在明人小说、话本中，能见到不少商品用银计价。如《西游记》八十四回中，赵寡妇说到五果五菜的筵席,"每位该银五钱"。嘉靖以后,各种铜钱都同白银发生联系,规定比价。在商品经济发达地区,劳动力也用银计价。

(2) 税收。早在洪武九年,税粮就曾暂许用银折收。英宗取消用银禁令后,田税、徭役、商税、盐税、关税和其他税收,都折收银两。江南田赋米麦一石折银二钱五分,称"金花银"。到宪宗成化年间,每石折银一两。万历年间,实行一条鞭法,把各种徭役、赋税(夏税秋粮)通通归并为一项,折银征收。这样,使用银就更为普遍。

(3) "班匠"征银。随着商品经济的发展,明代变革班匠制度(即明手工业工人中轮班匠3年服役一次,为期3个月,住坐工匠服役每月10天)。成化二十一年(1485年),工部奏准,轮班匠不愿当班者,可出银代役。嘉靖四十一年(1562年),发布了轮班匠以银代役的法令,称"匠班银"。

(4) 官俸。景泰三年(1452年)七月曾令京官俸准价折银。正德以后,官吏的俸给,9/10用白银,1/10用铜钱。

(5) 地租。明后期,在某些经济发达的地区,私田开始由实物租改为"银租"。在明人小说中就有地主收银的记述。嘉靖时徐阶在华亭的田租每年有米13000石,有银9800余两。

(6) 雇工工资。明中叶后,在私人手工业作坊中出现按银"计日受值"的雇工。如湖州的短工工资,采桑每天银二分,缫丝六分,或养蚕一筐银一两,缫丝一车六分。万历年间，嘉兴石门镇的榨油工人一天的工资为银九分。

（7）富豪积银。明英宗爱贮银，在库中经常贮有银800多万两。太监王振死后被抄家，仅赃款就有"金银六十余库"。武宗时刘瑾专权，他财富中有银元宝500万锭。

明代白银铸成大小银锭，成元宝形状。银锭上铸有年代、地名、重量和匠人姓名等。1955年，在四川洪雅九胜山明墓出土明代大小银锭128件，其年号有正德、嘉靖。一般的元宝，大的一锭50两，小的一锭10两、5两。此外，白银还有金银豆，圆珠形；金银叶，方片形。重量在一钱以下，用于赏赐、小宗买卖和补充元宝之用。

明代，白银成为流通中的主要货币是与白银来源的增加分不开的。16世纪，世界上一些先进国家都在开采银矿。万历年间，中国也兴起了开矿，先是在京城附近，后推广到河南、山东、山西、浙江、陕西等地。除了官矿外，民间采银以"盗矿"的形式出现，这就大大增加了白银的产量。此外，在对外贸易中，白银也不断输入。最先到中国来做买卖的是葡萄牙人。嘉靖三十六年（1557年）获得明政府允许，在澳门居住。隆庆元年（1567年）开放海禁，从事商贩贸易的更多。所以在明后期百余年间，葡萄牙人已把白银带来中国。美洲银元主要是通过菲律宾华侨流入中国。西班牙人把华侨带到菲律宾的中国土产运到美洲的西属殖民地贩卖，卖得的银元又通过华侨流到中国来。

日本的白银流入中国也不少。因当时日本银与金的比价是 10∶1，而中国是 6∶1 或 7∶1，于是日本商人就把银运到中国贸易。据估计，嘉靖、隆庆两朝，仅广东市舶司（管理对外贸易的官署）每年收取的关税和外商租地税，就达 200 万银元（形圆无孔的银币）。万历以来，出自西班牙的墨西哥鹰洋银币，已在福建、广东流通。这是因为明朝在外贸中常处于出超地位，外商只好用银来支付。由于白银的增多，银价开始下跌。明初白银一两值钱 1000 文；成化以后（1465 年）约 800 文；弘治以后（1488 年）约 700 文；万历年间（1573～1620 年）为 500～600 文。明末，由于政府赋税如"三饷"（即辽饷、练饷、剿饷，是为与后金作战、训练军队、镇压农民起义而增加的税收）加派、关税、盐课（盐税）加派等征收银两，又因社会动乱，富室竞相积银，故银价又趋上升。

3 明中后期铜钱的流通

在整个明代，铜钱铸造和流通的状况大致上可以分为 3 个阶段。

（1）洪武元年（1368 年）到弘治十六年（1503 年）。这一阶段，除明初铸造"洪武通宝"外，主要是实行钞法，铸钱较少。

明一建国就铸造"洪武通宝"钱，洪武八年因发行"大明宝钞"停止铸钱。洪武二十七年，禁用铜钱。但随着纸币制度的瓦解，英宗正统元年（1436 年）解除用银之禁。到孝宗弘治十六年恢复了铸钱。在这120多年中，仅只永乐、宣德二代铸过铜钱。

明成祖永乐六年（1408年）铸"永乐通宝"，仅小平钱，制作精整统一，版别很少。此钱于1936年、1971年、1974年在东沙、西沙群岛大量发现。1974年在西沙的沉船中发现"永乐通宝"钱31000余枚，重148.5公斤。宣宗宣德八年（1433年）铸有"宣德通宝"，精整不如永乐。

（2）弘治十六年（1503年）到万历二十年（1592年）。这一阶段，由于战争，铸钱大增。同时，私铸也较严重。

英宗正统以后，随着纸币失去信用，铜钱和白银又开始成为主要货币流通起来。大额交易主要用白银，小额交易主要用铜钱。由于铜钱需要量的增加，弘治十六年又开局恢复铸钱，称"弘治通宝"，钱每文重一钱二分。此后，各朝改元，多铸以新年号为名的制钱。世宗嘉靖六年（1527年）铸有"嘉靖通宝"，每文重一钱二分，成色为铜九锡一。穆宗隆庆四年（1570年）铸"隆庆通宝"，神宗万历四年（1576年）铸有"万历通宝"。这两种钱都较精整，有金背钱，即钱背面用金（铜粉）涂过；火漆钱，即钱背面用火熏黑过；镟边钱，即不用手工业机具镟车，而是挫磨。嘉靖、万历二朝，铸钱较多。

明中后期，由于官铸钱和私铸钱质量不同，所以钱法比较混乱。官钱因铜料价高，铸造的少，又外流到日本、南洋，还有部分积存于官库中没有进入流通领域，因而钱价较高。但私钱却恰恰相反。由于官钱不足，市场上一方面通行旧钱，即唐宋钱，另一方面却流通着私钱。明政府曾一再下令禁止私铸，但没有效果，因明政府并不禁止私钱流通。弘治以后，私铸有增无减，名目繁多。这时人们都把好钱如洪武、永乐、宣德钱藏起来，京师几乎专用私钱。弘治十六年，京师私钱二文当好钱（宋钱等旧钱）一文，称"倒好"。此后，由于私钱更劣，便有"倒三"、"倒四"之价。嘉靖以后，私钱问题更加严重，这些劣钱要三、四千文才能换到一两银子。总的来说，这一阶段制钱和私钱同时存在，制钱受到私钱排挤，流通得不顺利，好钱价上升，劣钱价下跌。

（3）万历二十年（1592年）到明亡（1644年）。这一阶段，官府铸钱牟利，私铸更为严重，币值大跌，物价上涨，反映出明末的危机情况。

明朝万历后期，由于对外战争所造成的重创，经济状况日趋恶化。万历二十年（1592年），日本丰臣秀吉侵入朝鲜，明朝派李如松赴朝作战，前后7年，费饷数百万。万历四十六年（1618年），努尔哈赤兴兵反明，辽东战起，军费开支浩大，明政府只好增炉铸钱，官钱和私钱一样，开始滥劣，价格都下跌。

天启、崇祯年间，明统治已到危亡阶段，财政也濒于绝境，于是，变本加厉地实行通货膨胀政策。天启元年（1621年），熹宗即位，补铸了"泰昌通宝"，又铸"天启通宝"。天启有折二钱，也有当十钱。天启二年，小平钱减重至7分；3年后，铜铅各半，有些地方更甚。御史赵洪范奏称"天启新钱,大都铜只有二三成,铅砂占七八成,其脆薄则掷地可碎,其轻小则一百文不满一寸"。天启钱文字、制作、大小、轻重、厚薄,变化多端,在中国铜钱中最为复杂;官私劣钱名目繁多,有胖头、歪脖、尖脚、煞儿、大眼贼、短命鬼等名称,一两白银可换五六千文,币制大乱;政府铸劣钱以取利,被称为"钱息",即以铸钱来生利息;铸钱主管官吏与工匠勾结,混杂铅锡,混杂愈多,利息愈重;后来,各镇兵马处也利用铸钱来筹军饷,钱就更加滥劣。1975年,在安徽合肥天王寺旧址出土崇祯钱,大小7种,最小的径1.3厘米,重0.53克。天启、崇祯时,为了铸钱还熔化了大量古钱,成为隋以后古钱的一大劫难。

4 清代银两和银元的产生

清朝(1644~1911年)是满族建立的朝代。顺治时期,忙于军事征服,政治、经济建设甚少。康熙、雍正、乾隆3朝是清朝全盛时期,社会经济得到恢复和发展,耕地面积扩大,人口从康熙二十一年(1682年)的7000万人,增加到乾隆五十九年(1794年)的31000万人。手工业废除了匠籍制度(工匠按期服役或纳钱),比明朝更加发达,且以民营为主;商业和城市进一步繁荣,有特权的大商人形成地方商帮,如两淮盐商,山西票号,广东行商;除原有大城市外,出现了专业性的商业城市,如无锡为"布码头",镇江为"银码头",汉口为"船码头"等。康熙二十二年,实行开放海禁,对外贸易也兴盛起来。从嘉庆开始,清王朝走向衰落,但商业却依靠封建特权得到畸形的发展。

清代的货币制度仍以白银为主,铜钱为辅。清代的用银大体可分3个阶段:最初100年是使用银两;嘉庆以后八九十年,即19世纪的大部分时间,外国银元在中国流行;清末20多年,中国自己铸造银元,银两仍还通行。

明朝白银已获得正式货币地位,成为普遍使用的货币。到清代银两制度又有了新的发展,如征税在一两以上收银;贸易中大额支付及政府财政收支用银两核算;以纹银作为标准成色,等等。但在日常生活中,小额交易多数仍用铜钱。

清代银两的形式沿袭明代,主要是马蹄形,即银元宝。清代总称为元宝银,大体上可分为4种形式:

(1)元宝。又称宝银、马蹄银,约重50两,多用于大额支付。其形式像船,两端稍卷起,向上高翘。各地流通形式不完全相同,有长愈、方愈等。

(2)中锭。多作秤锤状,也有马蹄形,称"小元宝"。重约10两,也有5两、3两的。

(3)锞(音kè)子。或称小锞、小锭,像一个馒头,也有其他形式,重1~5两不等。

(4)碎银、滴珠。这是散碎的银子,有福珠、宝珠等名称,重1两以下,作辅助银锭之用。

清代银两的复杂还表现在区分实银和虚银。实银即以实物存在的银两,通称"宝银";虚银即专门用作清算记账的价值符号,这是由于实银太复杂而产生的,但虚银也并非全国统一。

清朝银两属自由铸造,所以各地所铸之名称、形式、重量、成色有很大差别,多达100多种。在乾隆年间,江南、浙江有元丝等银,江西有盐撒等银,山西有西愈及水丝等银,四川有土愈、柳愈及茴香等银,陕甘有元愈等银,广西有北流等银,云南、贵州有石愈及茶花等银;此外又有青丝、白丝、单倾、双倾、方愈、长癋愈等名色。清中叶以后,更为复杂。如北京有十足银、松江银,天津有化宝银、白宝银,济南有高白宝,开封有元宝银,太原有周行足银,上海有二七宝银,杭州有元宝银,汉口有公估二四宝银,长沙有用项银,广州有藩纹、关纹,重庆有足色票银,西安有十足银,营口有现宝银等。其重量和成色均各不相同。这种不同,反映了封建地域色彩的浓厚。

银两的成色不一,给交易造成了困难。为了计算方便,清政府以纹银为标准。所谓纹银,是一种虚银,是人们在日常生活中对白银的泛指,实际上就是一种全国性假想的标准银,其成色为935.374‰。纹银这一标准成色,起源于康熙年间。除了纹银这一虚银外,各地还有自己的虚银,上海商界用作计账单位的银两叫规元,其成色等于纹银的98%。又称九八规元。天津的叫行化,汉口的叫洋例等。

除了有许多种实银和虚银以外,各地的计量标准即秤或平砝(音fǎ)也各不相同。如库平是清政府征收租税用的官秤，1两为17.31256克。但中央与地方、地方各省之间也有区别。海关所用的平砝为关平，其两最重。征收漕米折色所用的标准秤为漕平。广东接触外国最早，其衡法为广平，等等。平砝的差异使银两的流通、使用更加复杂和不便，使用者往往要遭到暗算和剥削。有一个例子说：有人从江苏税收中拨一笔款汇往甘肃，作为协饷。江苏税单用的是库平，实际交税是地方银两；将税款汇往上海，要用漕平；到了上海，要用规元；由上海汇往甘肃，要用漕平（假定采用汇票）；到了甘肃，要用当地银两计算；甘肃对于江苏协款，要用库平计算，而回存到当地银钱号，要用当地银两；而对于北京户部的账项，还是要用库平计算；至于实际支付，仍然要用当地银两。统计全部兑换过程，不下9次，每一折算，都有剥削纳税人的问题。由此可见，银两制度不仅种类名称复杂，平砝大小不一，而且计算繁难，存在着严重的缺点。

明代中后期，外国银元通过葡萄牙人和菲律宾华侨流入中国，当时称为洋钱、洋银或番银。流入中国最早的银元多是墨西哥铸造的西班牙"本洋"。银元的形式、成色、重量划一，使用方便，为民间所接受，于是在福建、广东沿海一带流通起来。

清代前期的对外贸易中，外国商人要买中国的丝、茶、瓷器，而中国人则不太用外国货，所以外国银元不断流入。康熙年间，在广东、福建沿海流通的外国银元，除西班牙本洋，即"双柱"（币面上刻有双柱形，还有西班牙皇帝查理第三、第四像）外，还有法国的埃居（币面有盾形），荷兰、威尼斯的杜卡通等。乾隆初，主要有荷兰（尼德兰）的马钱或马剑，墨西哥的双柱花边钱，葡萄牙的十字钱（十字架是基督教信仰的标记）。嘉庆初，查抄和珅的家，有洋钱5.8万枚，可见这时洋钱已流通到北京。由于中国民间喜用银元，外国商人就用重七钱二分、成色90%左右的银元，与重一两、成色93.5%的纹银等量交换，获取了厚利。鸦片战争前后，洋钱已经深入到内地，西班牙银元本洋在中国占主导地位，墨西哥独立后铸造的鹰洋（鹰是其国徽），成色较好，1854年流入中国，迅速取代本洋。1910年，外国银元在中国流通的有11亿，其中鹰洋约有4亿。此外，还有中国香港和印度铸造的香洋、英国贸易银元、日本龙洋、美国贸易银元等。

外国银元的流入，造成中国白银出口，银元成为列强控制中国财政金融的重要工具。制造和发行货币是一个国家的重要主权，利权外溢，使人深感痛切。于是清政府决心自己铸造银元。

中国最早自铸的银元是"藏钱"。乾隆五十七年（1792年），以西藏原有银币"章卡"改铸"乾隆宝藏"，限于西藏一带使用。道光年间，在福建、杭州、漳州、江苏等地民间仿铸银币。称福板、杭板等，但因未经清政府批准及减重等原因而废止。

光绪十三年（1887年），两广总督张之洞奏请自铸银元，清廷同意。十五年，张在广东银元局试铸银元，次年流通于市。这是清政府自铸新式银元的开始。银元正面有"光绪通宝"，中间有同样的满文小字，上端有"广东省造",下有"库平七钱二分",背面有蟠龙纹和英文,俗称龙洋。共分一元、半元、二角、一角、五分5等。一元的重七钱二分,即所谓七二番板。清政府下令此钱作为中国法币,完粮和纳税都能通用。以后,湖北、江苏、福建、直隶、吉林等十多省效法广东,群起自铸,都为谋利,但形式、重量、成色各不相同,十分混乱。由于滥铸,造成数量过剩。光绪二十五年,清政府下令统归广东、湖北两省铸造,遭到各省反对。光绪三十一年,清政府颁布《整顿圜法酌定章程》10条,在天津成立铸造银钱总厂,作为户部的造币总厂,打算铸造一两重的银元为本位币,这是以慈禧太后为首的保守派的主张。而以光绪为首的变法维新派则主张仍铸七钱二分的银元。前者称为"两单位",后者称为"元单位",两派展开了斗争。结果一两重的银元在市面上行不通,只好收回成命。宣统二年(1910年)制定《国币则例》24条,规定以元为单位,重七钱二分。第二年,在南京、武汉开始铸造,称"大清银币",停止各省自由铸造。到此,经过多年酝酿,经过银元重量单位之争,中国自铸的统一的新式银元终于产生。它大大减少了外国银元在中国的流通额,改变了旧的复杂的银两制度,是中国货币史上的一次改革和进步。

5 清代制钱和铜元的产生

清代的币制是以银为主,银、钱兼用,在流通中大额用银，小额用钱。因此，铜钱在人们日常生活中仍起着重要的作用。清代的铜币制大体可分两个阶段：前期200多年，按年号铸传统旧钱，其中咸丰年间曾铸大钱；清末10余年，用机器铸造新式铜元。

满族在入关以前就铸造过铜钱。天命元年（1616年），努尔哈赤建国称汗，用天命年号，铸造了满文的"天命汗钱"和汉文的"天命通宝"。钱径2.7~2.8厘米，重5.4~6.4克。清太宗皇太极继位，改元天聪（1627年），又铸满文的当十大钱"天聪汗钱"，背穿左"十"，右"一两"，径4.4厘米，重26.4克。

入关以后，清世祖顺治帝仿明制，于户部设置宝泉局，工部置宝源局。前者铸钱充军饷，后者铸钱充工程费用，各归该部的汉右侍郎掌管，开始铸平钱。钱文皆楷书"顺治通宝"，今所见有5种式样：一是光背。径2.45厘米，重3.8克。二是背标局名，如户（户部宝泉局）、工（工部宝源局）、临、宣、延、原、西等（各省铸局简称）。三是背穿右局名，穿左直书"一厘"为权银钱，意钱一文值银一厘。四是背有二满文，穿左宝字，穿右局名。五是满汉文钱，背穿左满文右汉字，均局名。这顺治五式，说明当时各省多开局铸钱。

此后，康熙、雍正、乾隆、嘉庆、道光、咸丰、同治、光绪、宣统，皆铸造以年号为名的通宝钱。各朝通宝钱大小轻重有差，一般径2.3~2.7厘米，重3.5~5.5克，背文均纪钱局名。大多为满文，少数汉文、回文。"咸丰通宝"纪局数最多，达29个。"康熙通宝"中有一种小平钱,制作精整,光耀夺目,据传为康熙60岁生日时所铸,内含三厘黄金,称罗汉钱。

清代银钱并行,由于银铜本身价格变动,钱的重量变化,造成银和钱的比价也经常波动,成为清朝政府十分麻烦的一个问题,清初,定钱七文合银一分,后加重钱,清廷想维持十文合银一分的比价,但难以做到。总的来说,清初到嘉庆中期的160多年中是钱贵银贱。

钱价上下波动引起了私销和私铸。钱贵则私铸,铜贵则私销。为此,清政府采取了不少措施,如不断变换制钱重量。顺治十七年把钱加重到一钱四分,引起私销。康熙二十三年又改为一钱,结果钱贱银贵,又加重到一钱四分,雍正二年改为一钱二分,此后才较稳定。清政府又采取控制制钱发行数量、搭收搭放、禁止毁钱为器等办法来维持钱银的比价,不使钱价过低或过高。

从嘉庆起,钱银的比价出现了转折,银贵钱贱。嘉庆二十三年(1818年)银价每两为1300余文,道光十八年(1838年)为1600文,二十五年为2000文。其原因是私铸小钱大量涌出,政府铸钱数增加,而鸦片进口,白银外流。鸦片战争前夕,中国每年的白银流出量在1000万两以上。嘉庆、道光前,清廷每年总收入才4800万两,可见白银外流的严重程度。

鸦片战争后,中国赔款2100万两。接着,南方爆发了太平天国农民革命,清廷军费支出大增,各项赋税收入减少,由此银贱状况更加严重,造成官钱被销熔,私钱泛滥。在这种情况下,清政府只好乞灵于铸大钱。咸丰三年(1853年),在发行纸币的同时,京局开始铸造大钱。共分当十、当五十、当百、当五百、当千5等。当十称"咸丰重宝",其余称"咸丰元宝"。咸丰宝福局所铸当百钱直径7厘米,重199克,为中国铜钱之冠。大钱一出笼,立刻引起物价上涨,同时私铸纷起。熔化旧钱一千,可铸30个当千大钱,得利30倍,结果私铸大增,局面混乱。于是一年左右不得不停止铸造当千、当五百大钱。后仅当十大钱流通,其价跌至当二。这时又有人私销当十钱,每枚可得制钱三、四文。与此同时,还铸有当十铁钱和铅钱。咸丰时的钱钞制,币值级别多(一文至当千有16级),币材种类多,钱的分量变动多,钱的文字种类多,其复杂程度可与西汉末王莽的宝货制相比。这也是政局动荡和财政困难的集中反映。

清朝末年在中国钱制上发生了一次重大的变革,这就是圆形方孔钱的结束,而产生了新式的机器制造的铜元。出现这一变革的原因,一方面是受鸦片战争后外国货币不断涌入的影响,另一方面是制钱杂乱无章,日益减重,劣钱泛滥,已经面临崩溃。

铜元又称铜板、铜钿(音diàn)、铜币、铜角子等,最早是在广东开始铸造。铜元每枚重2钱,铜95%,铅4%,锡1%。正面为"光绪元宝",无穿孔,中间有"宝"、"广"两个满字,背有蟠龙花纹,下面近外部有英文"广东一分",这是对银币作价,后改为"十文",是对制钱作价。面额分1文、2文、5文、10

文、20文、50文、100文、200文8等。10文的称单铜元，占各类铜元总额的97%或98%，当20称双铜元，不到2%。

铜钱出现后，由于其形制精巧，大小一致，受到欢迎。于是继广东之后，各省群起竞铸。因为铜元的成本每百枚只要白银四钱四分左右，而在光绪二十八年银元一元可换铜元八九十枚，各省官僚认为这是发财的机会。到光绪三十一年，已有17省开铸。由于铸造太多，导致贬值。光绪三十四年，要一百二三十枚才能换取银元1元。

后来为了统一铜元，清政府在天津设立户部造币总厂，各省局为分厂。光绪三十一年，又铸造"大清铜币"。这种铜币比较简单统一。钱面有"大清铜币"4个汉字，中央有一小字代表省名或地名，上端是满文大清铜币，两侧为年份，如丙午、丁未，左右边缘分列户部二字，下面是"当制钱十文"。钱背中央为蟠龙，上缘为"光绪年造"或"宣统年造"，下缘为英文"大清帝国铜币"。

由于各省把铸造铜元作为筹款济急的捷径，无严格限制，造成币值下跌，质量愈来愈差。各省又互相抵制，禁止外省铜元入境，商人则趁机贩运谋利。豪商官吏们互相勾结操纵铜元价格，外商大量倾销恶劣的私铸铜元。这些情况的出现，引起了各方面的反对。宣统二年（1910年），清政府颁布"币制则例"，但尚未及实行，辛亥革命爆发，清政府就被推翻了。

6 清代的纸币

清代发行的纸币主要有顺治八年的钞贯，咸丰三年的官票宝钞，光绪二十四年的兑换券。

顺治元年（1644年），清兵入关，由于要继续镇压南明残余势力和各地人民起义，军费上开支很大，于是就发行钞贯。每年约印制12.8万贯左右，共10年。这次发行纸币，由于时间较短，数额少，故影响不大，这以后有近200年左右，清朝没有发行过纸币。期间，虽有不少人提出过发行纸币的建议，如嘉庆年间的蔡之定，咸丰年间的王茂荫，但都没有引起清政府的重视。

咸丰元年（1851年），太平天国起义爆发，军费激增，再加连年灾荒，税收大减，白银外流，清政府国库枯竭，急需解决财政问题，朝野也纷纷献策。清廷命户部集议，最后决定发行纸币。

咸丰三年（1853年）发行的纸币共有两种，一是"户部官票"，又称"银票"。以银两为单位，分1两、3两、5两、10两、50两多种。用桑皮纸制成，按票面金额而大小不同。额题"户部官票"，右汉文，左满文，皆双行，下中行为"准二两平足色银若干两"。所谓"二两平"是说每百两比北京市平少二两的意思，比库平则少六两。再下方框中写："户部奏行官票，凡愿将官票兑换银钱者与银一律，并准按部定章程搭交官项，伪造者依律治罪不贷。"四周框边为龙纹。另一

八 白银成为普遍通用的货币

种是"大清宝钞",又叫"钱票"、"钱钞"。以制钱为单位。面额分250文、500文、1000文、1500文和2000文5种,后又发行5000文、10000文、50000文和100000文。上额题为"大清宝钞",中标"准足制钱若干文"。两旁龙纹框内右写"天下通宝",左写"平准出入"。下方框中写:"此钞即代制钱行用,并准按成交纳地丁钱粮,一切税课捐项,京外各库一概收解,每钱钞贰千文抵换官票银壹两。"宝钞和官票总称"钞票",钞票之名即由此而来。

在官票、宝钞发行时,清政府本意是要使纸币与银钱并重,使人民知道:"银票即是实银,钱钞即是制钱",并规定出纳都按5成搭用。民间完纳地丁、关税、盐课及一切交官等款,都必须钞票与银钱相辅而行,官府发放库款也是如此。但是实际上政府官员自己并不遵守。他们在收款时少收或拒收钞票,在支付时则多发钞票,结果钞票价大跌。河南省州县在征收钱粮时,只收银和制钱,不收票钞。解司之时,则收买票钞,按5成搭解。不久,钞票在京城也行不通。百姓持钞购物,商店不是涨价,就是匿货不卖。外国人则趁机以低价收购钞票,然后按5成去交关税,占了很大便宜,清政府只好哑巴吃黄连。到了咸丰五年,官票一两、宝钞1000文都只能换京钱400~500文,合制钱200~300文。此后官票继续贬值,福建强制推行票钞,激起民变。到咸丰十一年,宝钞每贯已跌到26~52文,等于废纸。至此,清政府不得不下令各省课税停止收钞,只收实银，各项开支也不用钞。官票、宝钞制度历时不到10年就寿终正寝。

光绪二十四年（1898年）发行的兑换券主要是钱票、银两票、银元票等。其发行单位，一是清政府批准的商业银行。光绪二十三年（1897年），清廷接受盛宣怀建议，在上海设立中国通商银行。这是中国人设立的第一家新式银行。次年发行银两、银元两种钞票，是中国最早的银行兑换券，即新式钞票。二是钱庄、银号、当铺发行的钱票和银票。钱庄产生于明朝中期，清代有了进一步的发展。钱庄大多在南方，银号则多在北方。钱庄的主要业务是钱币兑换和放款。乾隆年间，钱庄、银号有时甚至能操纵钱价波动。它们发行的钱票和银票以钱文或银两为单位。三是各省官钱局或官银号。这是各省的官方金融机构，发行的是地方强制推行的不兑现纸币，种类繁多。如官票（鄂）、钞券（川、湘、鲁）、官钱票（苏）、钱条（皖），等等。四是官办及官商合办银行。光绪三十年（1904年），清政府成立户部银行。次年发行"户部银行钞票"，这是中央政府首次发行的银行兑换券。光绪三十四年，户部银行改称大清银行，发行3种纸币：银两票、银元票、钱票。光绪三十三年（1907年），由清政府邮传部奏准设立交通银行，其银行章程规定官股4成，商股6成。交通银行发行了银两券、银元券。五是外国银行。外国银行在清末发行纸币的有十二三家，如英国的麦加利、汇丰，德国的德华，日本的横滨正金，俄国的华俄道胜，法国的东方汇理，美国的花旗，比利时的华比，荷兰的和癩等。

　　清末纸币极为复杂。宣统年间，清政府曾企图加以整顿和统一，但还没有来得及实行，辛亥革命爆发，清王朝被推翻。

九　近代货币的变迁

中国近代货币变迁可分为辛亥革命后的北洋军阀统治时期和国民党统治时期。

在北洋政府时期，虽然新式银元广泛使用，但交易计算仍用银两，存在两、元并行局面。1914年，北洋政府为改变银元种类繁多状况，决定整理币制，划一银币，颁布《国币条例》，开铸新的壹圆银币。币面镌袁世凯像，背铸嘉禾花纹，俗称"袁大头"、"袁头币"，重七钱二分，银89%，铜11%。此币由于花样崭新，重量成色有严格规定，所以流通顺利，不久在上海金融市场上已取代龙洋地位。袁头币作为本国银元的唯一主币，获得广泛流通并使货币趋于统一，是有进步意义的。

在纸币方面，辛亥革命后，各处大清银行改为中国银行，被准许发行的兑换券、银圆票有1、5、10、20元各种，另有铜元票。交通银行和各商业银行也发行这类兑换券。开始由于发行额不大，流通情况尚好。1915年，袁世凯要恢复帝制，又加云南起义后军费大增，中、交二行的现银也被提取，遂使国库空虚。于是，1916年5月12日北洋政府下令中、交二行钞票停止兑现，引起市面骚动，物价上涨，现银绝迹。由于实行停兑令的只有京津地区，故称为"京钞风潮"。此事件延续四、五年方告结束。在此期间，外籍银行则趁机扩大发行钞票。到了20年代后，在华北、华中及上海一带，本国银行的钞票才又开始占主要地位。

辛亥革命后，各省所铸铜元形式不一，大多铸有交叉国旗图案的"开国纪念币"和"中华民国铜币"字样。与光绪、宣统年间所铸的铜元一并通用。银元与铜元的比价开始在1∶130左右，后跌落到1∶200、1∶300。30年代后，由于通行角分票和镍质辅币，铜元渐退出流通领域。

1927年，在南京建立了国民党政府，国民党新军阀代替了北洋政府旧军阀。中国作为20世纪初世界上仅有的用银国家，两、元并行的局面给经济、商业、财政带来了众多不便，不少有识之士提出了废两改元的建议。1933年3月，国民党政府宣布废两改元，此后一切交易收付一律使用银元，不得再用银两。同年开始铸造新银本位币，正面为孙中山像，背面为海帆船，俗称"船洋"。从此，长期使用的带有封建色彩的银两制度终于退出了历史舞台。

20世纪30年代，为阻止世界银价跌落，美国实行了一系列政策，如人为抬高白银价格的"白银政策"。这一政策使采用银本位制的中国受到严重影响，造成中国白银大量外流，通货紧缩，企业倒闭，工人失业。为摆脱困境，1935年11月，国民党政府实行"法币改革"。其内容是：①将中央、中国、交通三银行（后加中国农民银行）发行的钞票定为"法币"，所有完粮纳税及一切公私款项的收付，概以法币为限。②禁止白银流通，将白银收归国有，充作外汇准备金。③法币汇价为1元等于英镑1先令2.5便士。法币是一种以外汇为本位的货币制度。它借助无限制买卖英镑来维持币值，后来又投靠美元，因而这种货币制度印上了殖民地性质的烙印。但是法币改革割断了中国货币同白银的直接联系，使世界银价的涨落不再影响中国，对中国经济发展还是有利的。

法币发行后，四大家族对金融的垄断不断加强。国民党控制金融事业的大本营是"四行二局一库"（中、中、交、农四行，中央信托局、邮政储金汇业局，中央合作金库）1937年设四行联合办事处于上海，1942年7月，发行法币集中于中央银行。由于国民党完全控制了金融事业，其发行法币又没有限制，这就为法币不断出现通货膨胀铺平了道路。在法币改革前，1934年底，全国主要银行发行的兑换券总计约5.6亿元。到1936年1月即法币改革后2个月已增加到7.8亿元，此后的累计额，1937年6月为14.1亿元，1939年12月为42.9亿元，1941年6月为107亿元，1944年6月为1228亿元，1945年8月抗战前夕为5569亿元，1946年12月为37261亿元，1947年12月为331885亿元，1948年8月21日，总计法币发行总额约6636946亿元。与此同时，物价上涨得更快。如以1937年6月重庆物价指数为1，1939年12月为1.77，

1941年6月为17.26，1944年6月为544.70，1945年8月为1585.00，1946年12月为2687.00，1947年12月为4010700，1948年8月21日为1551000.00。而上海物价比重更高，如以1937年6月为1，则1948年8月21日为4927000.00。当时有人说，战前能够买一头牛，这时只能买1/3盒火柴。

在法币已走到了绝境无法维持时，国民党为了作垂死挣扎，于1948年8月20日又实行了"金圆券"的币制改革。其主要内容是：①由中央银行发行金圆券，十足流通使用。每一金圆的法定含金量为0.22217克。②所有以前发行的法币按300元折合金圆券1元，东北流通券按30万元折合金圆券1万收兑。③限期收兑各银行钱庄、企业单位及人民持有的黄金、白银、银币及外国币券，违反规定者没收。④金圆券发行总额以20亿元为限，发行准备必须有40%为黄金、白银及外汇。

金圆券表面上是金汇兑本位制，实际上是一个骗局，因为黄金收归国有，外汇不能买卖。相反，国民党借发行金圆券继法币搜括白银后又一次大规模掠夺人民手中的金银外币。据统计，从1948年8月23日到10月31日，中央银行以金圆券收兑进的金、银、外币约合2亿美元。

金圆券原定限额发行20亿元，但不到3个月，即1948年11月底已发行到33.95亿元，于是宣布取消限额。此后发行额直线上升。12月，达200多亿元，到1949年5月上海解放前夕，竟高达294722亿元。与此同时，千元、万元、十万元、五十万元的大面额票也相继出现。随着纸币发行的无限膨胀，物价也立即飞腾，一日数涨。上海有一商店曾一日改换了16次商品标价，各地都发生抢购风潮，暗地则以银元交易。据统计，从1948年8月到1949年5月，上海物价上涨了6441361.5倍，据说购买一粒米就要金圆券130多元。金圆券仅9个月便几乎变成废纸，这在世界货币史上是罕见的，充分反映了国民党四大家族官僚资本掠夺人民的反动本质。随着国民党政权的瓦解，这噩梦般的通货膨胀罪恶历史也就结束了。

参考书目

1. 丁福保编纂《历代古钱图说》,上海书店,1985。
2. 彭信威:《中国货币史》,上海人民出版社,1988。
3. 萧清:《中国货币史》,人民出版社,1984。
4. 萧清:《中国货币思想史》,人民出版社,1987。
5. 千家驹、郭彦岗:《中国货币史纲要》,上海人民出版社,1986。
6. 石毓符:《中国货币金融史略》,天津人民出版社,1984。
7. 朱活:《古钱新探》,齐鲁书社,1984。
8. 郭若愚选编《孙国宝藏钱选粹》,华东师大出版社,1989。

《中国史话》总目录

系列名	序号	书名	作者
物质文明系列（10种）	1	农业科技史话	李根蟠
	2	水利史话	郭松义
	3	蚕桑丝绸史话	刘克祥
	4	棉麻纺织史话	刘克祥
	5	火器史话	王育成
	6	造纸史话	张大伟 曹江红
	7	印刷史话	罗仲辉
	8	矿冶史话	唐际根
	9	医学史话	朱建平 黄健
	10	计量史话	关增建
物化历史系列（28种）	11	长江史话	卫家雄 华林甫
	12	黄河史话	辛德勇
	13	运河史话	付崇兰
	14	长城史话	叶小燕
	15	城市史话	付崇兰
	16	七大古都史话	李遇春 陈良伟
	17	民居建筑史话	白云翔
	18	宫殿建筑史话	杨鸿勋
	19	故宫史话	姜舜源
	20	园林史话	杨鸿勋
	21	圆明园史话	吴伯娅
	22	石窟寺史话	常青
	23	古塔史话	刘祚臣

系列名	序号	书名	作者
物化历史系列（28种）	24	寺观史话	陈可畏
	25	陵寝史话	刘庆柱　李毓芳
	26	敦煌史话	杨宝玉
	27	孔庙史话	曲英杰
	28	甲骨文史话	张利军
	29	金文史话	杜　勇　周宝宏
	30	石器史话	李宗山
	31	石刻史话	赵　超
	32	古玉史话	卢兆荫
	33	青铜器史话	曹淑芹　殷玮璋
	34	简牍史话	王子今　赵宠亮
	35	陶瓷史话	谢端琚　马文宽
	36	玻璃器史话	安家瑶
	37	家具史话	李宗山
	38	文房四宝史话	李雪梅　安久亮
制度、名物与史事沿革系列（20种）	39	中国早期国家史话	王　和
	40	中华民族史话	陈琳国　陈　群
	41	官制史话	谢保成
	42	宰相史话	刘晖春
	43	监察史话	王　正
	44	科举史话	李尚英
	45	状元史话	宋元强
	46	学校史话	樊克政
	47	书院史话	樊克政
	48	赋役制度史话	徐东升
	49	军制史话	刘昭祥　王晓卫

系列名	序号	书名	作者
制度、名物与史事沿革系列（20种）	50	兵器史话	杨毅 杨泓
	51	名战史话	黄朴民
	52	屯田史话	张印栋
	53	商业史话	吴慧
	54	货币史话	刘精诚 李祖德
	55	宫廷政治史话	任士英
	56	变法史话	王子今
	57	和亲史话	宋超
	58	海疆开发史话	安京
交通与交流系列（13种）	59	丝绸之路史话	孟凡人
	60	海上丝路史话	杜瑜
	61	漕运史话	江太新 苏金玉
	62	驿道史话	王子今
	63	旅行史话	黄石林
	64	航海史话	王杰 李宝民 王莉
	65	交通工具史话	郑若葵
	66	中西交流史话	张国刚
	67	满汉文化交流史话	定宜庄
	68	汉藏文化交流史话	刘忠
	69	蒙藏文化交流史话	丁守璞 杨恩洪
	70	中日文化交流史话	冯佐哲
	71	中国阿拉伯文化交流史话	宋岘

系列名	序号	书名	作者
思想学术系列（21种）	72	文明起源史话	杜金鹏　焦天龙
	73	汉字史话	郭小武
	74	天文学史话	冯时
	75	地理学史话	杜瑜
	76	儒家史话	孙开泰
	77	法家史话	孙开泰
	78	兵家史话	王晓卫
	79	玄学史话	张齐明
	80	道教史话	王卡
	81	佛教史话	魏道儒
	82	中国基督教史话	王美秀
	83	民间信仰史话	侯杰
	84	训诂学史话	周信炎
	85	帛书史话	陈松长
	86	四书五经史话	黄鸿春
	87	史学史话	谢保成
	88	哲学史话	谷方
	89	方志史话	卫家雄
	90	考古学史话	朱乃诚
	91	物理学史话	王冰
	92	地图史话	朱玲玲
文学艺术系列（8种）	93	书法史话	朱守道
	94	绘画史话	李福顺
	95	诗歌史话	陶文鹏
	96	散文史话	郑永晓
	97	音韵史话	张惠英
	98	戏曲史话	王卫民
	99	小说史话	周中明　吴家荣
	100	杂技史话	崔乐泉

系列名	序号	书名	作者
社会风俗系列（13种）	101	宗族史话	冯尔康 阎爱民
	102	家庭史话	张国刚
	103	婚姻史话	张 涛 项永琴
	104	礼俗史话	王贵民
	105	节俗史话	韩养民 郭兴文
	106	饮食史话	王仁湘
	107	饮茶史话	王仁湘 杨焕新
	108	饮酒史话	袁立泽
	109	服饰史话	赵连赏
	110	体育史话	崔乐泉
	111	养生史话	罗时铭
	112	收藏史话	李雪梅
	113	丧葬史话	张捷夫
近代政治史系列（28种）	114	鸦片战争史话	朱谐汉
	115	太平天国史话	张远鹏
	116	洋务运动史话	丁贤俊
	117	甲午战争史话	寇 伟
	118	戊戌维新运动史话	刘悦斌
	119	义和团史话	卞修跃
	120	辛亥革命史话	张海鹏 邓红洲
	121	五四运动史话	常丕军
	122	北洋政府史话	潘 荣 魏又行
	123	国民政府史话	郑则民
	124	十年内战史话	贾 维
	125	中华苏维埃史话	杨丽琼 刘 强
	126	西安事变史话	李义彬
	127	抗日战争史话	荣维木

系列名	序号	书名	作者
近代政治史系列（28种）	128	陕甘宁边区政府史话	刘东社 刘全娥
	129	解放战争史话	朱宗震 汪朝光
	130	革命根据地史话	马洪武 王明生
	131	中国人民解放军史话	荣维木
	132	宪政史话	徐辉琪 付建成
	133	工人运动史话	唐玉良 高爱娣
	134	农民运动史话	方之光 龚云
	135	青年运动史话	郭贵儒
	136	妇女运动史话	刘红 刘光永
	137	土地改革史话	董志凯 陈廷煊
	138	买办史话	潘君祥 顾柏荣
	139	四大家族史话	江绍贞
	140	汪伪政权史话	闻少华
	141	伪满洲国史话	齐福霖
近代经济生活系列（17种）	142	人口史话	姜涛
	143	禁烟史话	王宏斌
	144	海关史话	陈霞飞 蔡渭洲
	145	铁路史话	龚云
	146	矿业史话	纪辛
	147	航运史话	张后铨
	148	邮政史话	修晓波
	149	金融史话	陈争平
	150	通货膨胀史话	郑起东
	151	外债史话	陈争平
	152	商会史话	虞和平
	153	农业改进史话	章楷
	154	民族工业发展史话	徐建生
	155	灾荒史话	刘仰东 夏明方
	156	流民史话	池子华
	157	秘密社会史话	刘才赋
	158	旗人史话	刘小萌

系列名	序号	书名	作者
近代中外关系系列（13种）	159	西洋器物传入中国史话	隋元芬
	160	中外不平等条约史话	李育民
	161	开埠史话	杜 语
	162	教案史话	夏春涛
	163	中英关系史话	孙 庆
	164	中法关系史话	葛夫平
	165	中德关系史话	杜继东
	166	中日关系史话	王建朗
	167	中美关系史话	陶文钊
	168	中俄关系史话	薛衔天
	169	中苏关系史话	黄纪莲
	170	华侨史话	陈 民　任贵祥
	171	华工史话	董丛林
近代精神文化系列（18种）	172	政治思想史话	朱志敏
	173	伦理道德史话	马 勇
	174	启蒙思潮史话	彭平一
	175	三民主义史话	贺 渊
	176	社会主义思潮史话	张 武　张艳国　喻承久
	177	无政府主义思潮史话	汤庭芬
	178	教育史话	朱从兵
	179	大学史话	金以林
	180	留学史话	刘志强　张学继
	181	法制史话	李 力
	182	报刊史话	李仲明
	183	出版史话	刘俐娜

系列名	序号	书名	作者
近代精神文化系列（18种）	184	科学技术史话	姜　超
	185	翻译史话	王晓丹
	186	美术史话	龚产兴
	187	音乐史话	梁茂春
	188	电影史话	孙立峰
	189	话剧史话	梁淑安
近代区域文化系列（一种）	190	北京史话	果鸿孝
	191	上海史话	马学强　宋钻友
	192	天津史话	罗澍伟
	193	广州史话	张苹　张磊
	194	武汉史话	皮明庥　郑自来
	195	重庆史话	隗瀛涛　沈松平
	196	新疆史话	王建民
	197	西藏史话	徐志民
	198	香港史话	刘蜀永
	199	澳门史话	邓开颂　陆晓敏　杨仁飞
	200	台湾史话	程朝云

《中国史话》主要编辑出版发行人

总 策 划 谢寿光　王　正
执行策划 杨　群　徐思彦　宋月华
　　　　　　梁艳玲　刘晖春　张国春
统　　筹 黄　丹　宋淑洁
设计总监 孙元明
市场推广 蔡继辉　刘德顺　李丽丽
责任印制 岳　阳